LAURENCE DEVILLAIRS

Kleine Philosophie des Meeres

mosaik

Laurence Devillairs

Kleine Philosophie des Meeres

23 wogende Lektionen in Gelassenheit

Aus dem Französischen von
Jochen Winter

Mit Illustrationen von
Fabian Lavater

mosaik

Die französische Originalausgabe erschien 2022 unter dem Titel
Petite philosophie de la Mer bei Editions de la Martinière, Paris

MIX
Papier | Fördert gute Waldnutzung
FSC® C004378
FSC
www.fsc.org

Penguin Random House Verlagsgruppe FSC® N001967

1. Auflage
Deutsche Erstausgabe Mai 2023

Illustration: Fabian Lavater
Published by special arrangement with EDLM in conjunction with their duly appointed agent 2 Seas Literary Agency
Umschlag: Sabine Kwauka
Umschlagmotiv: shutterstock / Konstantin Zubarev
Redaktion: Dagmar Rosenberger
Satz: Satzwerk Huber, Germering
Druck und Bindung: PBtisk, PBtisk, a.s., Pribam
Printed in Czech Republic
ES/JS · IH
ISBN 978-3-442-39412-8

www.mosaik-verlag.de

Inhalt

Für PG, immer.
Für Korsika, Insel unseres Asyls,
wo er hätte leben wollen.

Abreise

Die Welle reiten

»Oh! Wie viele Seemänner, wie viele Kapitäne,
freudig aufgebrochen zu Fahrten in die Ferne …«
(Victor Hugo, *Oceano Nox*)

Der Ozean ist der Ort der großen Abfahrten, mit denen man alles hinter sich lässt – nicht nur das Festland –, um zum Horizont aufzubrechen, in See zu stechen. Das Abenteuer, das wunderbare und verrückte Abenteuer erlebt man auf dem Meer, sobald man die Leinen losgemacht und all den unbeweglichen Dingen, die uns am Boden festhalten, den Rücken gekehrt hat. Man kann nicht das Meer betrachten, ohne von der Lust gepeinigt zu werden, sich einzuschiffen, sich zu befreien.

Wovon? Von einem etwas zu alltäglichen Leben, beschränkt auf einige Gewohnheiten und Routinen. Das Meer ruft uns auf, umfassender, weiter zu sehen; angesichts seiner schämen wir uns ein wenig für unsere Zaghaftigkeit und unsere zu engen gedanklichen Räume.

Es spricht zu uns von fernen Horizonten und legt uns zugleich nahe, mit mehr Leichtigkeit dahinzugleiten, statt mit schwerem Schritt zu gehen, die Unermesslichkeit zu wählen und das Grenzenlose zu bevorzugen. Der riesenhafte, majestätische Ozean lädt zu jeder Art von Wagemut ein: Aufbrechen! Dorthin! In die Ferne! Um in der Fremde das Unerwartete zu erfahren, das Unbekannte zu entdecken.

Denn das Meer bewahrt seine Geheimnisse: In seinen Tiefen umschließt es eine ganze Welt, die man nicht sieht. Wechselhaft, aus tausendundeiner Welle zusammengesetzt, ist das Meer unmöglich zu erfassen: ständig in Bewegung, niemals das Gleiche, niemals eintönig, bleibt es immer ungestüm. Das Meer lässt sich weder zähmen noch kolonisieren – es gestattet nicht, bewohnt zu werden. Nur mit Bescheidenheit hält man sich dort auf, zieht darüber hinweg, indem man in den Rhythmus seiner Fluten einwilligt, seinen Gezeiten gehorcht.

So tut es nicht weh, uns ganz klein zu fühlen, überwältigt zu werden von dem, was schöner und stärker ist als wir. Das Meer bringt uns eine schwierige, aber heilsame Lektion bei: Wir können nicht alles beherrschen oder planen. In unserem Dasein wird es immer Überraschungen geben, rätselhafte Bereiche, die uns unbegreiflich sind, uns aber auch in einen rauschhaften Zustand versetzen können. Was bedeutet *leben* im Grunde anderes, als so würdevoll wie möglich zu improvisieren, indem man sich von unerschütterlichem Vertrauen und Zuversicht tragen lässt?

Zugleich ist das Meer der Raum der Stürme und Gewitter, der Klippen und Schiffbrüche, der Brandungswellen und heftigen Böen. Jäh aufbrausend kann es schäumen, tosen. Es ist die letzte Wildnis der Erde, das letzte unbezwungene Gebiet: Dort sind wir Menschen nur zu Gast und müssen uns Demut aneignen – lächerliche Marionetten inmitten der Wellen, Spielzeuge des hohen Seegangs, des Noroît und des Libecciu.[1]

Ebenso ist das Meer gleichbedeutend mit Sonne und Ferien, Muscheln und Krebsen, begehrten und erträumten Stränden. Es steht für die Zeit der Freiheit und der Ruhepause, wenn der Körper sich entblößt den Winden überlässt, dem Bad mit all seinen Genüssen, wobei man durch einige Schwimmzüge die Schwerkraft abschüttelt, sie überlistet. Es ist das Glück des Gleitens, die Freude, zwischen den Wellen einzutauchen, während unser Herz im Einklang schlägt mit dem großen salzigen Herzen des Meeres.

Mit einem Wort: Das Meer ist das Leben selbst – ja mehr noch: der Sinn des Lebens. Es sagt, was *existieren* bedeutet – ob man Admiral ist oder einfacher Matrose. Unentwegt übermittelt es seine Lektionen und Ratschläge denjenigen, die zuzuhören und still dazusitzen wissen, um seine Philosophie zu empfangen. Da es

---

1 Winde, die aus Nordwest (der Noroît) und aus Südwest (der Libecciu) kommen. Der Letztere weht vor allem über Korsika, aber auch an der Côte d’Azur und in Italien.

Bewegung ist, lenkt das Meer unsere Gedanken auf das eigene, in den Ablauf der Tage eingebundene Dasein; da es Veränderung ist, erinnert es uns daran, dass auch unser Schicksal durch Wege und Umwege, Winde und Gezeiten bestimmt wird.

Das Meer ermutigt dazu, unsere Ängste zu überwinden, um in See zu stechen und das Salz des Lebens zu schmecken. Es kündet von der Kunst der Verwandlungen, der Möglichkeit der Neuanfänge, ungeahnter innerer Kraftquellen – und vom Licht des Sommers. So können wir trotz unserer Angst das Wagnis eingehen und die Fluten teilen, um den Blick nach vorn zu richten.

Und stets Meister unseres Schicksals zu sein, Kapitän unserer Seele.

1.
Meer oder Ozean?

Etikettierungen verweigern

Manchen übertrieben genauen Personen bereitet es Vergnügen, uns zurechtzuweisen, wenn wir »Meer« sagen, um den Ozean zu bezeichnen. Als müssten sie dort, wo die gleichen Wellen herrschen und die gleichen Sirenen schwimmen, unbedingt sprachliche Unterscheidungen treffen. Diesen Wortklaubern kann man eine kluge Antwort geben: In der Zeit vor dem portugiesischen Seefahrer Ferdinand Magellan – der als erster Mensch Anfang des 16. Jahrhunderts mit dem Schiff die Welt umrundete – sagte man ganz einfach »Ozeanisches Meer«. Punktum.

Nicht ganz, denn in der Folge wurde jedem weiträumigen Gebiet des unermesslichen, an die Kontinente grenzenden Ozeans ein eigener Name zugeschrieben: Pazifischer Ozean, Atlantischer Ozean, Indischer Ozean, Südlicher Ozean und Arktischer Ozean. Dagegen war der Begriff »Meer« dem Mittelmeer und seinen Nachbarn vorbehalten: Schwarzes Meer, Ägäisches Meer, Adriatisches Meer, Tyrrhenisches Meer, Thrakisches Meer, Kretisches Meer … Zu ergänzen sind das Karibische Meer, der Ärmelkanal, kälter und etwas weniger türkisfarben, das Rote Meer, das Schottische Meer, das Arabische Meer, das Japanische Meer …

Allein diese Namen genügen, um von Abenteuern zu träumen, von Sturmwinden, der Nordwestpassage[2] und unbezwungenen Kaps. Wie man weiß, wird der Globus von Hunderten Meeren, riesigen Ozeanen durchzogen, die sich auf den Landkarten wie Venen und Arterien abzeichnen und so den Kreislauf des ursprünglichen und lebendigen Wassers veranschaulichen. Dabei scheinen sich die Kontinente zu bloßen, aus dem flüssigen Element aufgetauchten Landmassen zu verkleinern – unsere Länder sind lediglich Inseln inmitten all dieser Strömungen.

Die nicht leicht zu überzeugenden Wortklauber würden erwidern, das Meer bilde eine Art Raster mit den Verbindungen der Wasserstraßen, die uns den wechselseitigen Austausch ermöglichten, während der Ozean Menschen und Kontinente mit seiner Unermesslichkeit trenne. An den Meeresufern entstanden Städte und Zivilisationen; die Römer der Antike gingen gar so weit, dass sie das Mittelmeer *mare nostrum*, »unser Meer«, nannten, als wäre es eine Erweiterung ihres Reiches, das schlagende Herz der damals bekannten Welt, Ausgangspunkt für Handel, Forschungsreisen, Entdeckungen – wie auch für Kriege. Und Schiffbrüche, da das Meer seit einigen

2 Die Nordwestpassage war das Ziel vieler Expeditionen: Über den Nordatlantik ermöglichte sie den Zugang zum Pazifischen Ozean und nach Asien.

Jahren für zigtausend Migranten zum Ort des Verderbens geworden ist.

Nun gut, wir räumen ein, dass zwischen einem Meer und einem Ozean immerhin ein Größenunterschied besteht: Das Meer hat nicht jene endlose Weite, die den Ozean kennzeichnet. Man ahnt seine Grenzen und Umrisse. Das Arabische Meer, das größte von allen, dehnt sich über etwas weniger als vier Millionen Quadratkilometer aus, wohingegen der kleinste der Ozeane, der Arktische Ozean, eine Fläche von 14 Millionen Quadratkilometern einnimmt.

Meere können eingeschlossen oder inländisch sein, was auf einen Ozean niemals zutrifft.

Meere weisen eine bestimmte Form auf und grenzen sich ab, während ein Ozean jede Möglichkeit für festes Land verschlungen zu haben scheint. Ist also dem Ozean die Erhabenheit des Unermesslichen zu eigen und dem Meer der Trost der Grenzen?

Müssen auch wir uns Kategorien unterordnen? Etikettierungen übernehmen, die dazu führen, dass wir beliebig eingeteilt werden in Ungeduldige, Gleichmütige, Schüchterne oder Impulsive? Sind wir dazu verurteilt, die Meinungen, die man über uns äußert, zu akzeptieren? Sind wir uns überhaupt sicher, der Mensch zu sein, der wir in den Augen der anderen sind? Oder müssen wir es hinnehmen, wie Schmetterlinge in einer Sammlung aufgespießt zu werden? Eingereiht unter solchen Bezeichnungen: *Julien? Ein Schwarzmaler. Florence? Zu empfindlich.* Hat man das Recht, uns zu klassifizieren und zu »vermarkten« wie ein Produkt oder ein besonderes Exemplar?

Nein. Wir müssen aufbegehren gegen die Etikettierungen und Kategorisierungen! Damit wir uns selbst sagen und jedermann wissen lassen: Kein menschliches Wesen ist für immer auf bestimmte Eigenschaften festgelegt. Wir sind nicht ein für alle Mal der Mensch, der wir sind, sondern besitzen die Gabe der Verwandlungen, das Talent für Erneuerungen.

Wir verfügen nicht über die Unbeweglichkeit der Dinge, sondern über die ständige Bewegung der Lebewesen: Wir können mehr werden, als wir es uns vorstellen, und anders, als wir erscheinen. Meer oder Ozean, wo liegt der Unterschied? Ich bin empfindlich? Wenn ich es möchte. Nachtragend? Nur am Donnerstag. Stets gibt es ein inneres Merkmal, das uns über uns selbst in Staunen versetzt und womit wir all jene klischeehaften Urteile, die über uns gefällt werden, durchkreuzen können.

Wir sind nicht auf unseren sogenannten »Charakter« festgelegt – gut, schlecht, umgänglich oder schwierig. Solche Wertungen stammen, wie man weiß, von den Wortklaubern, den Pedanten. Was aber, wenn die Freiheit mit der Freiheit begänne, eben nicht auf eine Liste von Bestandteilen, von Wesenszügen reduziert zu werden?

Gewisse Leute wiederholen bis zum Überdruss, die Meere seien salzhaltiger und weniger tief als die Ozeane. Das Mittelmeer hat eine Tiefe von 5300 Metern – tatsächlich kein Vergleich mit den 8500 Metern des Atlantiks und den rund 11 000 Metern des Marianengrabens, einem umgekehrten Mount Everest unter Wasser. Demnach wäre das Meer eine See, die man unter Kontrolle bringen und durch irdische Grenzen einfassen kann. Man stellt es sich lieblich unter der Sonne vor, ruhig atmend bei glatter Dünung. Demgegenüber droht der Ozean damit, Gewalten zu entfesseln, seine hochschwappenden Wellen sind keine murmelnden Liebkosungen, sondern eher klatschende Ohrfeigen. Das friedliche Meer und der aufbrausende Ozean? Wirklich?

Diese Vorstellung ist eine Falle. Das Meer wirkt nur ruhig, um unsere Wachsamkeit einzulullen. Man glaubt an seine träge Mattigkeit, sein Einverständnis, und man neigt fast dazu, das Blau seiner Wellen mit dem künstlichen Azur der Schwimmbäder zu verwechseln. Man nimmt dort ein kurzes Bad, planscht vertrauensselig darin herum. Doch das Meer ist der Herr der plötzlichen Veränderungen, der unvorhersehbaren Verwandlungen. Es macht sich einen Spaß daraus, den Prognosen zu widersprechen und die Hochmütigen zu verspotten.

Der Ozean hingegen ist aufrichtig, treibt kein verstecktes Spiel: Er rollt seine Brandungswellen ein, warnt vor der Gefahr; unaufhörlich verknüpft er Ebbe und Flut, zieht sich zurück und kehrt wieder, als wäre er mit seinem wässrigen Ticktack die große Uhr der Erde. So bringt er seine Macht zum Ausdruck, breitet sie vor aller Augen aus. Das Meer wiederum sorgt immerzu für Überraschung: morgens glänzend und lautlos, nachmittags voller Gischt und Getöse. Die Stürme über dem Meer, insbesondere dem Mittelmeer, sind die erschreckendsten: Eben noch wähnte man sich in Sicherheit, ließ den Blick versonnen über die betörende Wasseroberfläche gleiten – und sieht sich plötzlich einer Furie gegenüber, die nach Rache zu dürsten scheint.

Nein, es gibt kein ruhiges Meer voller weiblicher Sanftmut einerseits noch gibt es einen Ozean mit all der angeblich männlichen Muskelkraft und Stärke andererseits. Man darf dem Meer nie trauen: Es nimmt verschiedenste Gesichter an, führt alle Küsten hinters Licht. Es spricht alle Sprachen, um besser zu verführen und sein Geheimnis zu bewahren, denn keine Berechnung wird je mit absoluter Bestimmtheit vorhersagen können, was es einmal sein wird – träge fließendes Öl oder aufbrausende Gischt.

Das ist es also, was Meere und Ozeane uns ständig vor Augen führen: Wir sind nicht das, was man über uns sagt, und wir beschränken uns nicht auf das, was wir über uns zu wissen meinen. Weder den anderen noch uns selbst, weder unserer Geschichte noch unseren Kümmernissen wird es je gelingen, uns in eine einzige Identität zu pressen.

2.
Die Sargassosee

Die Falle der Reue umschiffen

Unter all den Meeren der Erde gibt es ein ganz besonderes die Sargassosee. Sie ist deshalb so einzigartig und seltsam, weil sie weder Küsten noch Winde oder Wellen hat. Kaum ein Meer, zweifellos kein Ozean. Eine Art maritime Wüste, wo sich nichts rührt, nichts dahingleitet. Sie ist mit großen Mengen frei im Wasser schwebender Algen bedeckt, die Tintenfischtentakeln ähneln – das spanische Wort *sargazo* bedeutet »Alge«. Es war Christoph Kolumbus, der sich dort zum ersten Mal hineinwagte. Mühsam durch den überhandnehmenden Tang steuernd, verlor er zwischen den beiden Amerikas drei Wochen – ein Gefangener dieser stehenden Gewässer.

Alle Seeleute fürchten sich vor der Sargassosee, jenem nahezu unbewegten und unbelebten Meer. Merkwürdigerweise legen die Aale weite Strecken – ja bis zu 10 000 Kilometer – zurück, um ihre Hochzeitsnacht in dieser Meereskammer zu verbringen. Für die übrigen Lebewesen ist die Sargassosee eine Falle, die es zu vermeiden gilt.

Auch uns passiert es manchmal, dass wir am Vorwärtskommen gehindert werden, in der Flaute stecken, ohne Land in Sicht, nachdem Kraft und Hoffnung uns abhandengekommen sind. Die Sargassosee versinnbildlicht in unserem Leben all die Gewissensbisse, die uns belasten und aufhalten, einengen und bremsen: »Hätte ich doch ...« oder »Ich hätte besser nicht ...«, wodurch uns der Wind aus den Segeln genommen wird. Damit charakterisiert dieses Meer das Ausmaß der Reuegefühle, die uns in das Netz früherer Handlungen und verpasster Gelegenheiten verstricken. Man tritt auf der Stelle, dreht sich im Kreis, beschäftigt sich immer wieder mit Versäumnissen und Fehlschlägen. Man versucht nicht zu verstehen, sondern zerbricht sich den Kopf.

Was tun, um sich daraus zu befreien, trotz allem einen schiffbaren Kurs einzuschlagen und nicht im Sumpf des »Wenn ich gewusst hätte …« stecken zu bleiben? Nichts anderes, als weiter vorrücken. Fahrt aufnehmen, was auch immer geschehen ist – ohne sich umzuwenden. Navigieren heißt, sich für eine Route zu entscheiden und ihr zu folgen, auch ohne die Gewissheit, die richtige gewählt zu haben.

So bedarf es der Stärke, unser Bedauern in Taten und unsere Gewissensbisse in bejahende Aussagen umzuwandeln: »Was ich getan habe, habe ich getan.« Selbst wenn ich dabei Federn gelassen und Illusionen verloren habe, ist das der Weg, den ich genommen habe. Aus diesem Wendepunkt meines Lebens sowie den vergangenen Irrtümern entwerfe ich meine künftige Wegstrecke.

Das ist ein Kapitel in meinem Leben, kein Missgeschick; eine Etappe, die ich erfahren habe, kein Unding. Es geht nicht darum, die Augen zu verschließen oder nach falschen Ausreden zu suchen, sondern darum, die Mängel ins Gesamtbild aufzunehmen, in die Erzählung einzufügen: »Ja, sogar das habe ich getan. Vielleicht hätte ich es nicht tun sollen, dennoch war es Teil meiner Reise.« Nicht die Summe meiner Gewissensbisse zählt, sondern das Kap, das ich trotz allem umschifft habe.

3.
Ebbe und Flut

Annehmen, was kommt

Im Gegensatz zum Ozean zieht das Meer sich weder zurück noch kehrt es wieder. Es kennt keine Ebbe, keine Flut. Es wird nicht unablässig, zweimal am Tag und zweimal in der Nacht, durch jene Bewegungen des Vorrückens und Zurückweichens belebt. Wohin aber geht der Ozean, wenn er sich zurückzieht, und von wo kehrt er wieder, unbesiegbarer als zuvor? Offen gesagt wissen wir nicht viel darüber. Diese Vorgänge sind sehr kompliziert, verbinden Ozeanografie mit Astronomie in dem Spiel der Anziehung zwischen Erde und Himmel, Sternen und Gezeiten.

Der Mond übt seine Anziehungskraft auf die Erde aus und lenkt die Wasser in seine Richtung. Was der Schwerkraft unterliegt, steigt zur astralen Welt auf – nichts weniger als das. Als müsste der Ozean zu den himmlischen Sphären zurückkehren, zu jenen Höhen, wo er in einer Art kosmischen Umarmung geboren wurde. Flut herrscht, wenn die Wasseroberfläche dem Mond am nächsten ist; Ebbe, wenn sie von der lunaren Kraft nicht mehr gleichsam angesaugt wird.

Die Sonne wirkt ebenfalls auf die Oberfläche des Ozeans ein. Und die Erde gibt sich ihrerseits dem Walzer hin, da sie durch ihre Drehung um die eigene Achse die Wasser in eine endlose Rotation versetzt. Auch die Winde machen in dieser unaufhörlichen Wechselbeziehung zwischen Wasser, Erde, Luft und Feuer ihren Einfluss geltend. Demnach ist dem Ozean ein Rhythmus zu eigen zwischen Tidenhub[3] und glatter Oberfläche, Springflut und Nippflut[4]. Man könnte glauben, dass diese Wassermassen, wenn sie in der Ferne verschwinden, nie mehr zurückkehren. Doch unausweichlich kommt der Ozean zurück. Und jedes Mal verspüren wir dann eine Mischung aus Erleichterung und sanfter Überraschung: Was verloren scheint, ist nicht für immer verloren.

Das ist die Botschaft des andauernden Spiels der Gezeiten. Wir, die nach einem anderen Rhythmus leben, dem des unersetzlichen Verlusts und des Nimmermehr, wir können beim Anblick der kommenden und gehenden Wellen beginnen, der Wahrheit zu lauschen, die sie uns überbringen: Wir besitzen die Fähigkeit, in uns einen neuen Antrieb zu finden, die Kraft, auf die Bühne zurückzukehren – selbst wenn wir dachten, dazu nicht

---

3 Der Tidenhub gibt den Höhenunterschied zwischen Niedrigwasser (Ebbe) und Hochwasser (Flut) an. Auf dem Mont-Saint-Michel in der Normandie beträgt er 15 Meter.

4 Die Springflut bezeichnet eine Tide mit besonders hoher Flut zur Zeit des Voll- und Neumondes, die Nippflut eine schwächere Flut während seines ersten und letzten Viertels.

imstande zu sein und all unsere Kraftquellen ausgeschöpft zu haben.

Jedes Leben entfaltet sich nach Maßgabe seiner persönlichen Gezeiten zwischen Verlust und Wiedergeburt, Mangel und Fülle. »Was das Meer gibt, nimmt es auch wieder«, sagt man im Norden Korsikas – dort, wo man allerdings keine Gezeiten kennt. Das Leben beschenkt und entzieht zugleich, es gewährt und verweigert, macht manchmal aber auch wieder gut. Das ist ein Beweis dafür, dass wir stets in der Ungewissheit leben und nie vor Schicksalsschlägen gefeit sind. Nicht von ungefähr würden wir gern den Gezeitenplan unseres Lebens kennen. Denn wie sollen wir diesen Schwankungen, den günstigen wie auch den entbehrungsreichen Phasen begegnen? Das große Geheimnis besteht in der Gewissheit, den Geschehnissen gewachsen zu sein und standzuhalten – ob bei Ebbe oder Flut, ob hoher oder niedriger Wellengang herrscht.

Annehmen, was kommt, wie es kommt. Sich nicht damit abmühen, die Gezeiten anhalten und Dinge ändern zu wollen, die man nicht ändern kann, sondern erwarten, was auf seine Weise geschieht. Die eigene Partitur spielen, so gut man kann, auch wenn man die Symphonie nicht selbst geschrieben hat; navigieren, ohne schwach zu werden, obwohl man nicht über die Fluten herrscht. Der Ozean hat seine Gezeiten, das Leben seine Höhen und Tiefen. Es ist besser, der Bewegung zu folgen, statt sich ihr zu widersetzen. Als tüchtiger Seemann oder geschickte

Seefrau versteht man sich darauf, gegen den Wind zu kreuzen, und vermeidet, ihm frontal zu begegnen.

Noch ein abschließendes Wort: Da das Meer im Gegensatz zum Ozean weder vorrückt noch zurückweicht, lädt es uns zu einer anderen Erfahrung ein. Zuerst einmal fordert es uns auf, die wahnwitzigen Wettläufe zu beenden, zur Ruhe zu kommen und uns durch den gleichmäßigen Takt seiner Wellenschläge hypnotisieren zu lassen. Es ist gleichsam eine Meeresuhr, die nicht das traurige Vergehen der Zeit anzeigt, sondern die Ewigkeit. Tatsächlich übermittelt uns das Meer die Botschaft, dass die Ewigkeit existiert und dass wir uns ihrem Rhythmus anpassen können, indem wir uns von der Dünung, die unaufhörlich auf und ab wogt, tragen lassen. Die Zeit des Meeres, messbar an seinem Puls, ist die des wieder und wieder erfolgenden Neubeginns. Das ist nicht die zerteilte, bruchstückhafte Zeitrechnung der Terminkalender, Stundenpläne und Vorhaben.

Verweilen wir noch ein wenig dabei und versuchen, unseren Atem dem sanften und langen Atem der Wellen anzugleichen. Diese Stunde jetzt könnte ein ganzes Leben dauern, bis in alle Ewigkeit. Dann regt sich sacht eine weitere überraschende Empfindung, nämlich im Brustkorb. Hervorgegangen aus dem Rhythmus der Wellen und der Schönheit des Meeres, übt sie einen betörenden Zauber aus. Das Herz weitet sich, man atmet zugleich ruhiger und tiefer, verspürt fast Lust, die Arme auszubreiten und die Welt zu umfangen. Ein innerer Friede hebt unsere Belastungen auf, lockert den

Schraubstock unserer Verspannungen. Man hat das Gefühl, förmlich überzufließen – mit einem Mal erscheint das Leben reicher, vollständiger.

Das Meer ist Atmung, die erfüllt und beruhigt, die uns in der Horizontalen aufrichtet. Kann das sein? Ist nicht den höhergelegenen Landschaften und Bergen das Monopol der Erhebung vorbehalten? In der Vertikalen, zweifellos. Ebenso wie den hohen Gewölben der Kirchen, den Arien des Soprans, der Aufregung infolge einer freudigen Überraschung. Tatsächlich aber macht uns das Meer mit der horizontalen Erhebung bekannt, jener Sehnsucht, die größer macht und in eine Art Schwebezustand versetzt.

Wie alltäglich unsere Sorgen scheinen, wie bodenverhaftet unsere Ambitionen! Das Meer fordert uns auf, den Blick nach oben und in die Weite zu richten. Das hat weder mit Größenwahn zu tun noch mit der Suche nach immer intensiveren Erfahrungen, sondern eher mit einem Sinn für das Erhabene. Ein Teil in uns will hoch hinaus. Genau das wird uns bewusst, wenn wir unseren Atem mit dem des Meeres verbinden und uns an diesem maritimen Überfluss berauschen.

4.
Ultramarinblau

Die Kunst, seine Tage zu
verschönern – und seine Nächte ebenso

Das Meer ist keine Landschaft, sondern eine Erscheinung. Man kann es nicht umrunden und nur mit Mühe sein Aussehen, seine Umrisse beschreiben. Nicht wirklich zu erforschen, drängt es sich auf, unergründlich, undurchdringlich. Dieses blaue, unbezähmbare Meer ist in Wirklichkeit aber gar nicht blau. Es ist Wasser, nichts als Wasser – ebenso farblos und durchsichtig wie jenes, das man in ein Glas gießt. Unsere Augen sind es, die dort Blau sehen. Ein optisches Phänomen also, kein ozeanisches.

Bisweilen heißt es, das Blau des Meeres sei eigentlich das des Himmels, das sich auf ihm widerspiegele, so als stünden beide einander in einem ewigen Wettstreit gegenüber. Himmelblau, helles Azur … das Meer gleicht einem wogenden Himmel. Bei schlechtem Wetter, wenn die Wolken sich grau färben, schmückt sich das Meer mit dem Horizontblau der französischen Uniformen aus dem Ersten Weltkrieg.

Doch warum ist dann das Meer selbst in Höhlen, in die es sich zurückzieht und wo der Himmel keinen Zutritt hat, von blauer Farbe? Weil in Wahrheit die Sonne ihm diese Färbung verleiht. Ihr Licht umfasst das gesamte Spektrum des Regenbogens. Aber die Wellen reflektieren diese Farbtöne auf unterschiedliche Weise: Sie absorbieren die langwelligen, nämlich Rot, Gelb und Orange, und so verschwindet auch das Grün. Bleibt nur mehr das Blau übrig.

Der Farbton des Wassers wechselt je nach Beschaffenheit des Meeresbodens: Heller Sand zum Beispiel liegt dem Blau der Südsee zugrunde. Auf offenem Meer sorgen Mikroalgen und Phytoplankton dafür, es türkisblau zu färben. Außerdem beschert ihm das Phytoplankton sein Smaragdgrün. Die im Wasser schwebenden Mikroalgen absorbieren durch ihr Chlorophyll das Blau des Lichts, weshalb dann allein das Grün sichtbar wird. Darüber hinaus ernährt Plankton, unabdingbar für die Erzeugung von Sauerstoff, Hunderte Arten von Meereslebewesen.

Doch das Meer blufft, denn es stellt das Blau oder Grün mithilfe von Weiß her – trotzdem nimmt man nur leuchtende Farben wahr. Dank der Chemie steigert es seine Wirkung, verwandelt sich. Es spielt mit dem Sonnenlicht, bringt sich damit zum Strahlen. Warum also sollten nicht auch wir Künstler unseres Lebens sein? Weshalb versuchen wir nicht, dessen Licht zu verstärken, dessen Farben zu intensivieren? Aus welchem Grund sollte man sich mit der Einfarbigkeit zufriedengeben? Was, wenn man das übliche Grau in Regenbogenfarben schillern ließe?

Existieren genügt nicht: Wir haben die Aufgabe, das Leben anzureichern, ihm Schönheit zu verleihen, wo es ihm, zumindest manchmal, daran mangelt. Aus fast nichts können wir uns selbst ein Geschenk machen – den Tag retten mit einer neu gelernten Lektion, einer guten Idee, die uns plötzlich gekommen ist, einem schönen Detail, das auf dem Weg zum Büro durchaus Beachtung verdient, einem Wort, das wir vorher noch nie gehört und uns eingeprägt haben ... Eine ganze Palette ungeahnter Farbtöne kann unserem Alltag beigemischt werden. Dem Leben mehr Blau verleihen – es nicht bloß verrinnen lassen, sondern es als Kunstwerk gestalten.

Eine Kleinigkeit kann alles verändern, indem wir das Eintönige in Farbe tauchen, den Terminkalender bunter gestalten – und diesem banalen 24. September, dem schlecht begonnenen 12. Oktober oder einem apathischen 11. Juni sein ganz eigenes Licht verleihen. Damit schmücken wir das Gewöhnliche aus. Sommer und Urlaube sollten nicht die einzigen Zeiten sein, die wir bewusst wahrnehmen und wertschätzen. Es ist gut, auch während der Arbeitswochen die Augen weit zu öffnen und Entdeckungen zu machen – ja die Tage wie ein Tourist zu verbringen, begierig auf Gefühl und Verführung, strahlende Momente. Utopisch? Naiv? Das Blau, mit dem wir gerne unsere Tage ausmalen würden, käme der Seele wohl eher wie ein *Blues* vor – oder allzu vage.

Wir tun uns schwer, die Unannehmlichkeiten des Alltags in Poesie zu verwandeln, den Montagen des Lebens einen Zauber zu entlocken.

Gewiss. Aber es geht auch nicht darum, alles schönzufärben: Das Blau der Vergnügungen birgt auch etwas vom Dunkel der Kümmernisse in sich. Man kann den Geschmack des Glücks wiederfinden und zugleich das durchlebte Leid im Gedächtnis behalten. Ist Ultramarin nicht das schönste Blau – mit seiner Tiefe, wie vom Schwarz gestreift, von dem es die Schwere bewahrt wie eine geheime Wunde? Das Leben in Blau zu sehen heißt nicht, sich Illusionen hinzugeben, sondern aus der Lebensfreude zu schöpfen und damit die grauen Tage aufzuhellen.

Indem das Meer verwirft, was farblos und erloschen ist, bringt es uns die Kunst der Verschönerung bei. Es ist nie ohne Farbe, nie ohne Glanz. Es absorbiert das Licht, um es zu verwandeln. Wie der Alchemist sich bemüht, Blei in Gold zu verwandeln, wie die Wellen das Weiß zu Blau umgestalten, können wir versuchen, unsere Tage zu kolorieren – ohne um jeden Preis die Schatten übermalen zu wollen. Vielmehr richten wir unser Augenmerk auf jene Dinge, die es wert sind, näher betrachtet zu werden.

Denn es gibt auch das giftige Rot und das Violett erlittener Verletzungen. Im Frühjahr 2020 erfuhr der Pazifik eine ziemlich seltsame Mutation, als er sich tagsüber karminrot färbte und bei Einbruch der Nacht elektrischblau. Die kalifornischen Strände des Laguna Beach wirkten dadurch wie von Magie erfüllt. Doch diese »rote Flut« hatte nichts Märchenhaftes: Aufgrund der starken Vermehrung giftiger Mikroalgen namens Dinoflagellaten verströmte sie einen unerträglichen Schwefelgeruch. Wenn diese Algen von einem Feind angegriffen werden, senden sie ein natürliches Blaulicht aus, das, aus weiter Ferne sichtbar, einen noch stattlicheren Feind anlockt. Der wiederum frisst den anderen und bewahrt so die Dinoflagellaten vor dem Tod.

Nach mehreren Wochen »roter Flut« hatte der Gouverneur von Florida im August 2018 den Notstand ausgerufen. Über einhundert Tonnen Meerestiere, insbesondere Delphine, waren an verlassenen Stränden verendet. Die Ursachen dafür? Eine erhöhte Wassertemperatur infolge des Klimawandels, der industriellen Landwirtschaft und der unzureichenden Abfallbeseitigung. Die gleichen Ursachen, welche andernorts die extreme Ausbreitung der Blau- oder Grünalgen erklären.

Für all das gibt es nur einen einzigen Schuldigen: den Menschen. Hier die Untaten des Menschen gegen die Natur, dort die des Menschen gegen den Menschen – und überall das übelriechende Rot der Ungerechtigkeiten und Demütigungen.

Wir, die die Fähigkeit besitzen, das Licht widerzuspiegeln, es deutlich zu sehen und noch im trostlosesten Tag zu bewahren, müssen uns auch mit solchen Verschmutzungen auseinandersetzen. All das Blau, das man in sich tragen mag, wird dafür nicht ausreichen; dennoch bleibt die Wahl, seine ganze Aufmerksamkeit auf bestimmte Hoffnungsschimmer zu lenken. Man kann es ablehnen, sich von der Hässlichkeit erniedrigen zu lassen, und sich dafür entscheiden, der Schönheit eine Chance zu geben, das Leben mit Farbe aufzuwerten.

5.
Wie eine Insel im offenen Meer

Man selbst sein

Das Meer gehört zu den wenigen irdischen Orten, die nicht bevölkert sind – von Menschen wohlgemerkt. Bis auf wenige Ausnahmen: die Inseln. Als würde der Erdboden auf Revanche sinnen und sich über das Wasser ausdehnen, um das Glück des Treibens zu genießen. So entstehen zwischen Meer und Himmel jene Bruchstücke eines Kontinents – Erinnerungen an festes Land.

Es ist nicht jedem gegeben, der Geburt einer Insel beizuwohnen. Doch im Jahr 2011 haben Lavafontänen, 30 Meter aus den Tiefen emporgeschossen und allmählich erkaltet, mitten im Roten Meer ein neues Stück Erde zur Welt gebracht. Bestimmte Inseln stammen also aus dem Feuer der Vulkane, die vom Meer Besitz ergreifen, und durchbrechen gewaltsam – aus Neid? Zorn? – die stille Oberfläche.

Andere Inseln gingen aus dem Zusammenprall tektonischer Platten hervor, dem Druck der Erdkruste, die wie eine erhobene Faust nach oben stößt: Das ist auch der Ursprung von Barbados in der Karibik. Und vielleicht wird dergleichen eines Tages in der Gegend des Roten Meeres, um Island oder vor Hawaii geschehen, wo die Raserei der Vulkane sich vermischt mit dem gewaltigen Druck der unterseeischen Gebirgsketten, jener ozeanischen Rücken, die bersten und explodieren. Die große Schmiede des Meeres.

Aber Inseln können auch durch den Anstieg des Meeresspiegels entstehen, wodurch sie vom Rest der Welt isoliert und zu geheimen, abtrünnigen Enklaven werden – wie etwa Korsika, von Europa abgetrennt, um sein Leben im Meer zu führen.

Oder Großbritannien, das seit der letzten Eiszeit vehement seine Unabhängigkeit verteidigt; oder der normannische Mont-Saint-Michel bei Flut, Fels inmitten der Brandung, Finger, der zum Himmel deutet.

Jeder von uns ist eine Insel, rebellierend gegen die gleichförmige Masse, ein vulkanisches Eiland, nach langem Reifeprozess zu sich selbst gekommen, eine Insel, die noch um ihren Platz kämpft oder ihn, im Gegenteil, schnell im großen Ozean gefunden hat. Doch immer stolz und sich seiner Einzigartigkeit bewusst: Jeder ist unersetzlich. Niemand ähnelt mir, und ich ahme niemanden nach. In meiner Art bin ich absolut einmalig.

Genau das ist die insulare Seele: aufrührerisch und im Grunde allein, empfindlich und scheu. Eine Insel gehört weder zur Erde noch zum Meer; sie führt ihre eigene Existenz, die an beiden ein wenig teilhat.

Bis zu dem Punkt, wo sie sich manchmal hartnäckig weigert, erobert zu werden. So ist es bei der Peter-I.-Insel im Südpazifik, ungefähr 450 Kilometer von der Antarktis entfernt. Sie ist unbewohnt, eine Erde in Schwarz-Weiß, bestehend aus Eisflächen und Vulkangestein. 30 Kilometer lang und zehn Kilometer breit, ist sie von Packeis umgeben, das den Zugang zu ihr verwehrt, außer in einigen kurzen Perioden des Südsommers[5].

Es erscheint unglaublich, aber den Mond kennen wir besser, haben seinen Boden öfter betreten als den der Peter-I.-Insel! Ihre Spitze, der Lars-Christensen-Gipfel, bleibt unbezwungen. Bis in die 1930er-Jahre waren die Karten, die sie zu lokalisieren versuchten, äußerst ungenau, ja sogar falsch. Selbst im Januar, dem wärmsten Monat in dieser Hemisphäre, steigt die Temperatur auf der Insel nicht über 1 Grad Celsius, obwohl auch dort die Natur infolge der Erderwärmung bereits nachhaltig gestört worden ist.

Nur wenige Schiffe kreuzten vor der Küste jenes vereisten Stücks Erde, 1821 von einem russischen Kapitän entdeckt, der ihr den Namen seines Zaren gab. 1929 gelang es dem Norweger Ola Olstad, einen Fuß auf sie zu setzen, woran der französische Wissenschaftler und Polarforscher Jean-Baptiste Charcot einige Jahre zuvor gescheitert war.

---

5 Im Südsommer, in der Zeit zwischen November und März, ist der Südpol zur Sonne geneigt und es herrscht bis zu 24 Stunden Tag.

Es war eine Französin namens Isabelle Autissier, die erste Frau, die allein die Welt umsegelte und 2010 dorthin zurückkehrte. Die Insel widersetzt sich vehement jeder Inbesitznahme: Sie existiert nur für sich, eines der letzten unerforschten Gebiete des Planeten, majestätisch in ihrer Verachtung und Gleichgültigkeit im offenen Südlichen Ozean.

Jede Insel gleicht einer Affirmation inmitten der Wasser: So ist es, Punkt. Ich bin ich. Eine Tautologie? Nein, ein Manifest. Das Manifest des Ichs – oder der Peter-I.-Komplex, wenn man will. Wie dieser nicht klassifizierbaren Insel fällt auch mir die schwierige, aber glorreiche Aufgabe zu, ich selbst zu sein – und nicht jemand anders. Man mag versucht sein, den schöneren Nachbarn, die jüngere Nachbarin zu kopieren oder zu beneiden. Auch kann man sich mit einer geliehenen Identität zufriedengeben – oder sich bemühen, dem Bild zu entsprechen, das man von sich zeigen möchte oder das die anderen von uns fordern.

Dergleichen kann man tun, aber es steht fest, dass wir Insulaner sind, Individuen ohne Doppelgänger, unvergleichliche Exemplare. Diesen Inselcharakter gilt es wiederzufinden hinter all den Rollen, jenen Masken des Ichs, das ich nicht bin. Man muss ihn beanspruchen – nicht durch erzwungene Originalität, die meistens nur eine Art von Konformismus darstellt, sondern durch Rückbesinnung auf die eigene Singularität: Was gibt den Anstoß, dass ich ich bin? Meine Vorlieben und Abneigungen, meine persönlichen Vorstellungen, meine Erinnerungen, die niemand mir nehmen kann, meine Kümmernisse und Verletzungen, meine Träume, die ich manchmal verrate? Oder sind es meine Taten, meine Versprechen und ausgestreckten Hände, die aus mir den Menschen machen, der ich geworden bin? All das zusammen.

Dennoch verbringen wir zu viel Zeit damit, nicht wir selbst zu sein, uns im Beruf, in unseren Beziehungen, Liebesverhältnissen oder Seelenschmerzen zu vergessen, die uns gar nicht entsprechen. Wir verlieren zu viele Stunden, um uns an anderen zu orientieren und nach ihnen zu richten. Wie viele Sätze sprechen wir aus und wiederholen dabei doch nur, was sie vorher in unseren Kreisen und Netzwerken bereits gesagt haben? Wie viele Entscheidungen treffen wir aus Bequemlichkeit oder aus Feigheit? Wie viele Kompromisse schließen wir, wie viel Selbstverleugnung ertragen wir, wie vielen Banalitäten stimmen wir zu?

Es bedürfte der gleichen Sorgfalt, seine Einzigartigkeit zu kultivieren, wie sie auch jene etwa 300 000 Inseln unseres Planeten aufbringen, um sich einen Namen zu geben. Lauschen wir also der gesungenen Litanei der einsamen Erden, dem beispiellosen Register ihrer Bezeichnungen: Isle of Skye, Île de Franche Garenne, Île aux Corsaires, Belle-Île-en-Mer, Schlangeninsel, Antipoden-Inseln, Korfu, Montecristo, Pourquoi-Pas-Insel, Inexpressible Island, Insel der Täuschung, Adelaide-Insel …

Eine Insel sein, fern den Kontinenten, eher Vulkan als festes Land, und das heilige Feuer bewahren. Das

Feuer im Innern. Nicht zurückweichen, nicht nachahmen. Nicht überstürzt einwilligen, der größten Zahl – ja nicht einmal einigen wenigen – ähnlich zu werden. Sich interessieren, austauschen, teilen, aber ohne sich anzupassen, ohne zu wiederholen oder sich vereinnahmen zu lassen. Kein anderes Land haben als sich selbst, weit draußen, auf dem offenen Meer.

6.
»Hier wohnen die Drachen«

Das Unbekannte bändigen

Das Meer endet, wo das Reich der Ungeheuer beginnt. *Hic sunt dracones*: »Hier wohnen die Drachen.« So lautet die Warnung, die erstmals auf einer Seekarte aus dem Jahr 1510 in der Umgebung der Südostküste Asiens verzeichnet ist. Ungeheuer und Fabelwesen bevölkern die Ränder der Karten, um jene *terrae incognitae*, die »unbekannten Länder«, und noch unerforschten ozeanischen Gegenden zu benennen. Dort halten Welt und Meer inne, schweigen die Kartografen, dort verläuft in sämtlichen Atlanten die furchteinflößende Grenze.

So übernimmt die Einbildungskraft das Ruder. Statt auf den Weltkarten und Portolanen[6] leere Räume zu las-

---

6 Dokumente und Karten, die nach den Angaben von Seefahrern – insbesondere genuesischen und venezianischen – im Lauf des 13. und 14. Jahrhunderts von Hand gefertigt wurden. Sie enthielten Hinweise zur Lage von Häfen, Küstenlinien und Strömungsverhältnissen und waren daher für die Schifffahrt von großem Nutzen.

sen, füllte man diese mit Monstern und fantastischen Kreaturen aus, deren Darstellungen echten und katalogisierten Tieren nachempfunden waren.

Nie ging es um die Frage, ob die Erde flach sei oder rund; schon lange vor Galilei und seinen Auseinandersetzungen mit der Kirche wusste man, dass sie nicht flach war wie der Boden eines großen Ballsaals. Nicht aber – zumindest bevor Ferdinand Magellan in den 1520er-Jahren den Beweis dafür lieferte –, ob die Route über die Ozeane, vom Atlantik zum Pazifik, überhaupt möglich war.

Ehe diese gewagte Umrundung gelang, füllte man die Lücken auf der Weltkarte mit Drachen aus – in der Annahme, dass jenseits der bekannten Grenzen noch nicht entdeckte Gebiete lägen. Und zur Unwissenheit gesellte sich die Angst: Was man nicht weiß, jagt Schrecken ein.

Zugleich wurde die Angst aber auch in den Dienst der List gestellt: Die Meeresungeheuer hatten nicht zuletzt einen kommerziellen Nutzen. Was nämlich wäre wirksamer als diese Bestien, um die Konkurrenz einzuschüchtern und sie davon abzubringen, jene Schätze für den Fischfang zu erschließen, über die man selbst das Monopol beanspruchte?

Jedenfalls glaubt man seit Langem fest daran, dass die Meere und Ozeane dieser Welt zahllose Schlupfwinkel und Verstecke für gefährliche Ungeheuer bieten. Charybdis etwa, die an der Straße von Messina Meerwasser einsaugt, um es brüllend wieder auszuspeien, oder

Skylla ihr gegenüber mit sechs Köpfen und zwölf Füßen, die Homer in seiner *Odyssee* beschrieb, verkörperten wohl einfach nur Riffe und Strudel. Bestimmte Inseln, angeblich so schwarz wie Ebenholz, waren in Wirklichkeit große Wale, die bis dahin noch kein menschliches Auge gesehen hatte. Und die Scheusale, die den Schiffen Einhalt geboten, mögen nichts als besonders üppige Thunfischschwärme gewesen sein.

Die Seekarte mit der fantastischsten Tierschau stammt von einem Schweden, dessen wikingische Vorfahren die Könige des Meeres waren: Olaus Magnus, der seine *Carta marina* um das Jahr 1530 anfertigte. Darauf sieht man menschenfressende Hummer und einen Schlangendrachen, »*kraken*« genannt, mit spitzen Fangzähnen und Augen von glutroter Farbe.

Heute ist man der Auffassung, dass es sich dabei um riesige Tintenfische von einer Länge bis zu 13 Metern und einem Gesamtgewicht von fast 300 Kilogramm handelte.

Die anderen Ungeheuer und Drachen waren offenbar Buckelwale, Walrösser, Seeelefanten oder Narwale[7]. Selbst Gerhard Mercator (eigentlich Gheert Cremer), Geograf und Kartograf, der im 16. Jahrhundert als Erster

7 Einhornwale, die in den kalten Meeren kreuzen und mit einem hornartigen, bis zu drei Meter langen Stoßzahn ausgerüstet sind. Von Millionen von Nervenbahnen durchzogen, dient er ihnen als eine Art Sensorsystem.

die Rundung der Erde auf die ebene Fläche einer Karte übertrug, zögerte nicht, die Wissenschaft mit Legenden anzureichern, indem er nicht weniger als elf Ungeheuer einzeichnete, darunter eine Art Pferd, das in den offenen Gewässern vor Peru schwimmt.

Die Natur hat Angst vor der Leere und wir vor dem Unbekannten. Obwohl wir ihm vielerlei Bedrohungen und Schrecken zuschreiben, müssten wir bei unseren inneren Reisen lernen, den üblichen Routen und Kategorien zu entfliehen, auf unerforschte Gebiete zuzusteuern und in sämtliche Entdeckungen einzuwilligen. Sonst laufen wir Gefahr, uns mit stereotypen Vorstellungen und vorgefassten Meinungen zufriedenzugeben, die uns in eine beengte Welt ohne Überraschungen verbannen.

Wenn es eine Eigenschaft gibt, die uns Grenzen überschreiten lässt, so ist es die Neugier. Sie treibt uns an, die Belanglosigkeiten und ständigen Wiederholungen abzulehnen, ermutigt uns, allzu ausgetretene Wege zu meiden, Kurs auf das Neuland zu betreten und dort vielleicht Drachen zu begegnen – aber auch Wundern. Zu oft beschränken wir uns auf erholsame Spaziergänge, auf Bereiche, die größtenteils schon durchstreift wurden. Immerzu reden wir über Dinge, die wir bereits wissen, kehren zu dem zurück, was uns seit Langem bekannt ist. *Métro, boulot, dodo* (U-Bahn fahren, arbeiten, schlafen) – das ist meist nicht der Fehler der U-Bahn oder der Arbeit, sondern der unsere: Wir begnügen uns damit, wiederzukäuen statt zu erforschen, wobei unsere Ansichten hoffnungslos festgelegt sind, für alle Zeit zementiert.

Stattdessen sollten wir bestrebt sein, zu einem Abenteuer aufzubrechen mit dem Ziel, ungeahnte Einsichten zu gewinnen. Den Versuch unternehmen, die Dinge in einem anderen Licht zu betrachten, und dorthin gehen, wo wir noch nie gewesen sind. Nicht zu dem Zweck, in unseren Meinungen bestärkt zu werden, sondern um sie zu hinterfragen, unsere Vorurteile anzuzweifeln, die innere Welt in Bewegung zu bringen.

Zu schnell führen wir Antworten und Gewissheiten im Mund, ein ganzes Arsenal an Standpunkten, die uns ebenso sehr einsperren, wie sie uns beschützen. Was, wenn wir nun damit beginnen würden, uns zu sagen, dass wir dieses und jenes *nicht* wissen, aber dass wir darüber nachdenken werden? Dadurch entdecken wir womöglich eine fremd anmutende Welt jenseits der Selbstverständlichkeiten, die beruhigend wirken. Statt der Neugier ein Ende zu setzen, sollte das Wissen sie weiter schüren. Je mehr man zu wissen glaubt, desto weniger weiß man eigentlich, das heißt, umso mehr möchte man herausfinden.

Jeden Tag kann man sich darin üben, auf der eigenen Landkarte des Lebens ein neues Gebiet einzutragen, sich darauf vorbereiten, nicht in den immer gleichen Fahrwassern zu verharren, sondern frische Erfahrungen zu sammeln, die einem noch nie in den Sinn gekommen sind, nicht auf die fertige Antwort zu vertrauen, sondern das Forschungsfeld beständig zu erweitern. Man lernt nur dazu, wenn man zuerst einmal akzeptiert, die Antwort nicht zu kennen. Man weiß etwas nur, indem man zugibt, es vorher nicht gewusst zu haben. Es ist die Konfrontation mit dem Unbekannten und den dort hausenden Drachen, die den Wert unserer Überzeugungen ausmacht.

7.
Unter Piraten

Der Schmerz, den man uns manchmal zufügt

Barbaresken, Freibeuter, Piraten, Korsaren – das sind die ungekrönten Könige der Meere. Sie jagen den Schätzen nach, verüben Überfälle, eröffnen das Kanonenfeuer, um zu kapern und zu plündern: Francis Drake, Robert Surcouf, Barbarossa, Edward Teach, genannt Blackbeard, Mary Read oder Anne Bonny. Hinter dem Bild des freundlichen Bösen oder des bösen Freundlichen, verkörpert von Captain Hook oder Jack Sparrow aus dem Film *Fluch der Karibik*, verbergen sich vor allem Krieger, eher Boten des Bösen als Diener des Guten.

Piraten gibt es seit Anbeginn der Schifffahrt. Ihr Spezialgebiet sind Raub und Erpressung. Seit der Antike machen sie sich über alles her, was beiseitegeschafft werden kann, ohne Rücksicht auf die Herkunft oder die Nationalität der Opfer. Ein Pirat kennt weder Gott noch Meister. Er achtet nur die schwarze Totenkopfflagge der Piraterie. Der Korsar wiederum ist ein Soldat des Meeres, ein Söldner. Mit der Vollmacht oder dem »Bestallungsbrief« seines Herrschers greift er die Feinde des Landes an. Doch in jedem Korsaren schlägt das Herz eines Piraten, desjenigen also, der die Gesetze verhöhnt.

Wir alle hegen seit der Kindheit eine romantische Vorstellung von Piraten. Dieses Glück, den Ruf »Fertig machen zum Entern!« wie einen Schrei nach Freiheit auszustoßen. Die Piraten gelten als die Robin Hoods der Ozeane. Sie wollen der Welt eine Lektion in Unabhängigkeit erteilen. Heißt es nicht, sie hätten Ende des 17. Jahrhunderts in Madagaskar die Kolonie *Libertalia* gegründet, wo es verboten war, etwas zu verbieten?

Die Wirklichkeit sieht völlig anders aus: Ihr einziges Motiv ist die Gier, ihr alleiniges Ziel der Raub. Sie haben nur ein Gesetz, das des Goldes oder Silbers. Ebenso zynisch wie raffsüchtig sind sie von den Piraten in Romanen und Filmen mit Augenklappe, Holzbein und Papagei auf der Schulter sehr weit entfernt. Sie säen den Schrecken. Die Flaggen ihrer Schiffe sind Warnungen. So bedeutet das rote Banner: »Ergebt euch, sonst lassen wir keine Gnade walten, Blut wird fließen!«

Man könnte glauben, die Piraterie sei heute von unseren Meeren verschwunden, aber das stimmt nicht. Im 21. Jahrhundert findet man Piraten entlang der Küsten Somalias oder Indonesiens um die Straße von Malakka. Ihre Ziele sind die Container-, aber auch die Kreuzfahrtschiffe. Darüber hinaus sind sie aktuell im Golf von Guinea und in Westafrika massiv tätig, wo ihnen Ölplattformen als fette Beute erscheinen.

Doch es gibt darüber hinaus eine Piraterie, die ihren Namen verschweigt, die nicht mit dem Dolch zwischen den Zähnen übers Deck stürmt. Sie gleitet zwischen die Gesetzbücher, dringt in die Büros ein, untergräbt die Institutionen – das ist die Piraterie der ungestraften

Gewaltakte, die eine ganz andere Internationale anstimmt: »Alles ist erlaubt, solange man nicht erwischt wird.«

Man wähnt sich in Sicherheit – und ist dann plötzlich den Treu- und Gesetzlosen ausgeliefert, die an Land wie auf hoher See ihr Unwesen treiben. Man wird erpresst von denen, die aus Missgunst und Groll handeln, die einen verunglimpfen und demütigen. Aber sie sind nicht allein. Die schlimmsten Korsaren sind jene, die eine gewöhnliche Feigheit an den Tag legen und dadurch zulassen, dass die Ungerechtigkeit überhandnimmt. Hierbei führen sie mildernde Umstände und falsche Entschuldigungen ins Feld: »Ich hatte keine Ahnung«; »Dafür bin ich nicht zuständig«; »Es war doch nicht meine Aufgabe, mich da einzumischen« … All diese bequemen Floskeln sollen ausdrücken, dass man ohnehin nichts ändern kann, dass die Mächtigen zu mächtig sind, dass man sich nur unterordnen oder wegschauen muss, bis die Sache ausgestanden ist.

Es geschehen Gewalttaten, die keinen Lärm verursachen; sie beruhen auf Schweigen, einem kleinen Zugeständnis – »Oh, nicht weiter wichtig« – und viel Gleichgültigkeit. In Anbetracht dessen bedeutet Gutes tun in erster Linie, das Böse zurückzudrängen, es zu entlarven und, wenn möglich, anzuprangern. Wer war nicht schon einmal Geisel von Piraten in Zivil, von Chefs, ihres angeblichen Rechts so sicher, oder Kollegen, die ihre Gehässigkeit hinter einer freundlichen Miene verbargen, um einen bewusst herabzuwürdigen?

Es gibt keine schrecklichere Ungerechtigkeit als jene, die nicht geahndet wird, keinen unerträglicheren Schuldigen als den, der auf sein gutes Recht pocht. Man muss Wiedergutmachung fordern, laut und deutlich, in aller Offenheit, darf sich keinesfalls einreden, selbst ein bisschen daran schuld zu sein und das Fehlverhalten begünstigt zu haben. Für die Grausamkeit gibt es weder eine Entschuldigung noch einen triftigen Grund: Sie ist illegitim. Wenn es einer wütenden Reaktion bedarf, um Frieden und Gerechtigkeit zu erreichen – warum nicht? Wenn man Anzeige erstatten muss, um den Rechtsweg einzuschlagen – warum nicht?

Die Piraten wurden mit Waffen besiegt, ihre Beutegüter und Lösegelder beschlagnahmt. Wenn das Seerecht vorsieht, dass ein Schiff angehalten werden kann, um Fracht, Bestimmungsort und Hygienezustand an Bord zu überprüfen, muss es auch ein Menschenrecht geben, um der Schamlosigkeit Einhalt zu gebieten – damit das Vergehen aufgedeckt wird, ohne Kompromisse zu schließen und ohne es verjähren zu lassen. Keine Hexenjagd, vielmehr die Beleuchtung der rechtsfreien Räume, die Kennzeichnung piratischer Akte. »Die Stimme erheben und freiheraus sprechen« bedeutet nicht, auf Rache zu sinnen oder der Denunziation zu frönen, sondern die Wahrheit wiederherzustellen. Man kann nicht zweimal Opfer sein, indem man Unrecht erleidet und sich dann noch zum Schweigen verurteilt. Nie sollte man sich sagen müssen, dass nur eins zu tun ist – stumm zu bleiben.

8.
Der Anker des Erbarmens

Wissen, wie man Schutz vor den Winden findet

Auf einem Schiff ist der »Anker des Erbarmens« die letzte Rettung. Auch »heiliger Anker« oder »Anker des Heils« genannt, ist er der schwerste und größte unter den Ankern an Bord. Auf ihn verlässt man sich angesichts schlimmster Gefahren, inmitten schrecklichster Stürme.

Jeder von uns hat seinen Anker des Erbarmens, der die Qualen lindern und eine Atempause verschaffen kann, wenn die Winde heftig wehen. Er gewährleistet ein wenig Ruhe, die heilsam wirkt, also Gnade schenkt. In der Tora, den ersten fünf Büchern der hebräischen Bibel, wird das Erbarmen mit dem Ausdruck *rehem* bezeichnet, der das Herz Gottes darstellt, seine Güte, seine zärtliche Liebe zu den Menschen, mit der er verzeiht und tröstet. Daher ist der Anker für die ersten Christen zum Symbol der Dankbarkeit geworden. Er ist ein Beweis der Stärke, ein Sinnbild dafür, dass man nicht aufgibt, selbst wenn alles verloren scheint, ein Zeichen der Hoffnung und des Vertrauens, wie schwach oder erschüttert man auch sei, nichtsdestotrotz weiter voranzuschreiten.

Was aber gibt wieder Hoffnung – und wer heitert auf? Wo findet man seinen Anker des Heils, der einen davor bewahrt, den Mut sinken zu lassen? Wo ist dieser Hauptanker, geeignet, der Angst ein Ende zu setzen und für Stabilität zu sorgen, wenn offenbar alles auf der Kippe steht? Ist man überhaupt fähig, ihn zu erkennen und auf ihn zurückzugreifen, ohne zu zaudern?

Dafür bedarf es vor allem der Bereitschaft, um *mercy* zu bitten – jenes alte französische Wort, das Erbarmen bedeutet, Gnade. Und da jeder sich selbst am nächsten ist, muss man erst einmal die eigene Person in den Fokus rücken und versuchen, sich mit Nachdruck zu sagen: »Es ist vorbei.«

Eine Situation beenden und den Kopf zu heben, statt vergeblich auf einer Beziehung, einer Arbeitsstelle oder einer Erklärung zu beharren. Wie gelingt einem das? Indem man seinen Anker findet, der verhindert, dass man von den Fluten hin und her geworfen, von den Strömungen davongetragen wird. Entscheidend ist, ihn genau zu bestimmen, denn er rettet und belebt dadurch, dass er uns die Kontrolle über unser Dasein zurückgibt und uns wieder mit unseren Wünschen und Entscheidungen verbindet.

Auf welche Weise gelangen wir erneut in den vollen Besitz unserer Mittel? Wie vermeiden wir es, in den großen Malstrom[8] abzugleiten, in den Schwarzen Löchern des Meeres[9] zu versinken? Was sind die Ursachen und Auslöser – mangelnde Anerkennung, das Gefühl, nicht

8 Name eines Strudels vor den Küsten Norwegens. Das Wort ist niederländischen Ursprungs und setzt sich aus »*malen*« (drehen) und »*strom*« (Strömung) zusammen.

9 Nach Auffassung einiger Wissenschaftler soll es im Meer das Äquivalent der Schwarzen Löcher im Weltraum geben. Die Letzteren besitzen eine so gigantische Masse, dass sie alles anziehen, was sie umkreist, sogar das Licht. Im Meer könnten diese Strudel einen Durchmesser von bis zu 200 Kilometern erreichen. Kein Teilchen kann ihnen entfliehen, sie sind dazu verurteilt, sich endlos zu drehen.

geliebt zu werden, dass niemand einem dankt oder zuhört, dass man nie den Anforderungen gerecht wird? Es sind immer die gleichen Auslöser, welche die gleichen Emotionen und Panikreaktionen hervorrufen. Was sind die Anker, was die Heilmittel? Ist es ratsam, die Wut stillschweigend vorüberziehen zu lassen – oder sich im Gegenteil zu einem lauten »Nein!« durchzuringen? Sich tapfer zu behaupten – oder auf sinnlose Kämpfe zu verzichten? Ein tieferes, mit Nachsicht gepaartes Verständnis zu zeigen – oder den eigenen Standpunkt rigoros durchzusetzen?

Es ist der Anker des Erbarmens, der es einem ermöglichen muss, den ständig sich wiederholenden Szenarien ein Ende zu setzen, den Routinen, den unwillkürlichen Handlungen, die man hinterher zwar bereut, im jeweiligen Moment aber nicht zügeln kann. Der Anker bezeichnet jenes »Schluss jetzt!«, das man sich selbst sagt, die Weigerung, sein eigenes Opfer zu sein, das die Ängste schürt und alte Wunden dauernd wieder aufreißt. Er verheißt Seelen- und Geistesfrieden, indem man alle Kräfte aufbietet, um sich nicht unterkriegen zu lassen.

Ein möglicher Einwand lautet, dass man mehr erhoffen könne als Ruhe, Besonnenheit und Mäßigung. Warum sollte man nicht eher die Aufregung und Rastlosigkeit bevorzugen? Weil man sich dann in eine Abhängigkeit begibt von dem, was einen bezaubert und verführt. Wenn diese Quellen des Vergnügens versiegen, bleibt man hilflos zurück, wie verlassen, schiffbrüchig. Die Ruhe hingegen garantiert eine Art von

Unabhängigkeit: Sie gründet nicht auf äußeren Reizen, sondern auf der Fähigkeit, sich selbst anzugehören, sein Schiff weiterhin eigenständig zu steuern. Die Verankerung resultiert daraus, dass man bei sich ist, statt außer sich, nicht dem unterworfen, was einen verstimmt oder betrübt, was man mit aller Macht einzufordern versucht oder ändern möchte.

Das ist weder Gleichgültigkeit noch Untätigkeit, sondern die Möglichkeit, nicht Opfer der eigenen Emotionen zu werden, deren verheerendste vielleicht der Ärger, die Wut und der Neid sind. »Ruhe« ist der andere Name des Selbstvertrauens, das uns zu unterscheiden erlaubt zwischen dem, worauf man Anspruch hat, und dem, was man nicht bekommen wird. So erwarten wir auch nicht von den anderen die Anerkennung dafür, was wir wert sind.

Dass ich meine eigene Befreierin bin, ich, die ich allzu oft meine schlimmste Peinigerin bin! Einen Anker des Erbarmens zu haben, bedeutet genau dies: Vor den herrschenden Winden Schutz finden, »vor Anker gehen« – denn man »wirft« ihn nicht, das Manöver ist zu heikel, um sich mit einem bloßen Wurf zu begnügen.

Fassen wir den festen Entschluss, jenen Geschehnissen Einhalt zu gebieten, die uns allzu oft verletzen und unnötig belasten, die unsere Kräfte aufzehren, unsere Talente vergeuden. Dieser heilige Anker, der uns an uns selbst bindet, beschert uns paradoxerweise die größte aller Freiheiten – jene nämlich, vollkommen bei uns zu sein, ungeachtet der Strömungen ringsum.

9.
Den Sirenen entfliehen

Taub sein für die Verführer

Walt Disney hat uns belogen und vor ihm schon der dänische Erzähler Hans Christian Andersen: Beide präsentierten die Sirenen als verliebte Frauen, zu allem fähig – sich selbst zu verleugnen, ihre Unsterblichkeit zu opfern und sich dadurch mit den Sterblichen einzulassen.

Das ist eine weitere Version der wohlbekannten Geschichte vom Märchenprinzen und der Prinzessin, die, zwangsläufig schön und mehr oder weniger schlafend, durch den Kuss ihres Retters zum Leben erweckt wird. Demnach verkörperte die kleine Sirene das aquatische Schicksal einer romantischen Heldin, deren Gabe und Berufung sich darauf beschränken, verzweifelt zu lieben.

So ist es nicht.

Zunächst muss man verstehen, dass die Sirenen der griechischen Mythologie ursprünglich Ungeheuer waren, die sich in der Umgebung von Sizilien aufhielten. Außerdem waren sie keine Frauen mit Fischschwänzen, sondern Mischwesen aus Frau und Vogel. Sie hatten weder Schwanz noch Schuppen, dafür Fänge und Flügel. Diese Verführerinnen bezirzten durch Musik und Gesang unvorsichtige Seemänner, deren Schiff schließlich an den Klippen zerschellte. Dann wurden sie von den Sirenen in aller Ruhe verschlungen.

Auch wir sind die Spielbälle falscher Verführungen und giftiger Bezauberungen. Ohne Abstand oder Skrupel stimmen wir Hals über Kopf eher den verlockenden als vernünftigen Versprechungen zu. Wir sind fasziniert – von der Falschheit, dem Schein, dem Banalen. Das Wahre, Durchdachte, gebührend Ausgereifte langweilt uns. Wir erliegen den Sirenen, ihren eintönigen Melodien und entrückten Weisen, die jedoch der Wahrheit ermangeln. Nichts zieht uns so an wie die Verkürzungen, Phrasen, Vermengungen. Überprüfen, abwägen, argumentieren – das ist ohne Reiz. So sind wir immer zugleich auch die Sirene für jemand anderen und verbinden unsere Stimmen zum großen Chor des Beliebigen.

Ist das so schlimm? Man kann ja nicht alles wissen oder untersuchen und hat sehr wohl das Recht, sich »auszutauschen«, seine persönliche Meinung zu haben und sie auch kundzutun. Aber weiß man genau, von wo die Sirenen, diese berufsmäßigen Verführerinnen, kommen? Kehren wir zu den Griechen und ihrer oft sehr aufschlussreichen Mythologie zurück. Die Nymphe Persephone wurde von Hades entführt, dem unangefochtenen Herrscher über den Tartaros, das unterirdische Reich der

Toten. Demeter, die Mutter des Opfers und Göttin der Natur, beschuldigte die Sirenen, nichts unternommen zu haben, um ihre Tochter zu retten, und verwandelte sie in Ungeheuer – dazu verdammt, in der Abgeschiedenheit zu leben, fern der Welt der Menschen. Seither preisen sie lautstark den Ruhm des Gottes der Unterwelt und bringen den Menschen Schiffbruch und Tod.

Sich mit dem Irrtum zufriedenzugeben und ihn zu verbreiten, das Falsche dem Bewiesenen vorzuziehen, ist also im eigentlichen Sinne teuflisch. So wird unsere Welt ein wenig tiefer in Dunkelheit getaucht, mit all den damit verbundenen Begleiterscheinungen: Angst, der Weigerung, zu überlegen und zuzuhören, Aggressivität und gefährlichen Vorurteilen.

So bleibt man abhängig von den Verführern, den Phrasendreschern und den anderen Verteidigern der Unwahrheit. Im Grunde bedeutet es, angekettet zu denken und in der Verwirrung zu leben.

Unter dem Datum des 8. Januar 1493 versicherte Christoph Kolumbus in seinem Logbuch, drei dieser Kreaturen in der Bucht von Hispaniola – zwischen dem heutigen Haiti und der Dominikanischen Republik – begegnet zu sein. Nach bestätigten Quellen hatte er in Wirklichkeit Lamantine oder sogenannte »Seekühe« gesehen – imposante Meeressäugetiere mit Fischschwänzen.

Demzufolge wären die Sirenen nichts anderes als schwergewichtige Lebewesen, die praktisch nicht denken: dickbäuchig, geschwollen vor Leere, aufgebläht mit Irrtümern.

Doch die Gefahr besteht weiterhin. Nie, nicht einmal über ruhige Wasser segelnd, sind wir dagegen gefeit, von trügerischen Stimmen verführt zu werden. Denn seien wir ehrlich: Meistens ist die Wahrheit enttäuschend, störend, unangenehm oder gar schmerzhaft, nur selten fasziniert sie. Es fehlt ihr das dramatische, spektakuläre – hollywoodhafte – Element. Die Wahrheit offenbart uns die Dinge frei heraus, während wir sie gerne verschwommener, gekünstelter hätten. Sie ist direkt und unverblümt imstande, uns, die wir mehr Entgegenkommen und Wertschätzung erhofften, in die Schranken zu weisen. Sie ist ohne Schnörkel, aber auch ohne Zugeständnisse, und begnügt sich weder mit vorgestanzten Äußerungen noch mit voreiligen Rückschlüssen.

Aber leider ist das Falsche ansteckend und zirkuliert schneller als das Wahre. Es verbreitet, wiederholt sich, durchdringt die Anschauungen und Reden.

So geschieht es, dass man sich dabei ertappt, genau wie die anderen zu sprechen, gleichsam in Vertretung für sie zu denken, indem man einfältige Überzeugungen übernimmt, die im Trend der Zeit liegen – eine echte mentale Verschmutzung und vorsätzliche Vergiftung.

Woran kann man das Falsche erkennen? An seinem hartnäckigen Dogmatismus: Ein irregeführter Verstand zweifelt nicht, sondern skandiert nur immer die gleichen Parolen; er hinterfragt sich nicht, sondern weiß Bescheid; er überlegt nicht, sondern hat schon alles verstanden. Diese gängigen, sich aufdrängenden

Meinungen mögen sehr wohl verführen, bieten aber keine geistige Nahrung – sind vielmehr dummes Geschwätz, das geteilt und weitergegeben wird. Man folgt den vorherrschenden Strömungen, lässt sich widerstandslos mit ihnen treiben.

Gerade aufgrund der Trägheit des Denkens und der Unterwerfung der Gehirne gedeiht eine gefährliche Faszination. Die Intelligenz hingegen verlangt, zweimal zu überlegen, bevor man zustimmt, zu diskutieren, ehe man jemanden vor den Kopf stößt.

Man muss denen misstrauen, die behaupten, alles zu wissen – oft bescheiden sie sich mit geliehenen Informationen, Kenntnissen aus zweiter Hand. Es gibt keine schlimmeren Mitläufer und Ja-Sager als diejenigen, die sich »Skeptiker« nennen; das heißt einfach nur, dass sie anderswo auf ihre Quellen zurückgreifen, in den sozialen Netzwerken des Falschen, der *Fake News.*

Beharrlich und kompromisslos muss man gegen die Sirenen ankämpfen. Das Heilmittel mag jenes sein, das Odysseus den eigenen Seeleuten empfahl – sich die Ohren zuzustopfen und die Luken zu schließen.

Nicht nachgeben, den Moden und abgedroschenen Meinungen keinerlei Bedeutung beimessen.

Oder man entschließt sich zu jener Standhaftigkeit, die Odysseus selbst besaß – inmitten der verführerischen Reden einen kritischen Verstand zu bewahren, indem man sich wie er am Hauptmast des eigenen Schiffes festbinden lässt, um von den trügerischen Worten nicht unterjocht zu werden.

Sich informieren? Ohne jeden Zweifel. Wissen, was gesagt wird? Sicherlich. Hinhören? Warum nicht. Vor allem aber Vorsicht bewahren, Zurückhaltung. Sich nicht zu schnell einreihen und mit den Sirenen singen. Weiterhin der Wahrheit den Vorzug geben, selbst wenn sie sich als unbequem erweist.

Denn am Ende sind die Dummköpfe vielleicht gar nicht so glücklich, wie sie scheinen.

10.
All das Salz des Meeres

Den Dingen wieder einen Geschmack geben

Das Meer ist nicht trinkbar, aber sein Salz – oder genauer gesagt sein Chlor, Sodium, Magnesium und seine Sulfate – macht den Reiz aus, der alles verändert. Meerwasser enthält im Schnitt 34,5 Gramm Salz pro Liter, den Rekord hält das Tote Meer mit 41 Gramm. Diese salzige Note reicht vier Milliarden Jahre zurück, bis zu den ersten Tagen der Erde, der frühen Morgendämmerung dieser Welt.

Die damals unzähligen Vulkane stießen unentwegt Wasserdampf und Gase aus, Chlor und Schwefel, wodurch die Atmosphäre, wie man sich mühelos vorstellen kann, einen ganz besonderen Geruch verströmte. Während der Entstehung der Ozeane, einige Hundert Millionen Jahre später, hat sich diese würzige Mischung im Wasser verteilt und aufgelöst. Auf diese Weise wurde das Meer salzig. So ist es bis heute, so wird es immer bleiben.

Für uns hingegen verlieren die Dinge im Lauf der Zeit oft ihre Würze. Das kommt daher, dass unsere Fähigkeit, sie zu schmecken, nachlässt, ähnlich wie man sein eigenes Parfüm irgendwann nicht mehr riecht, weil man es ständig trägt. Man gewöhnt sich an alles, heißt es, sogar an die Schönheit und vielleicht auch an das Glück. Erst wenn sie einem fehlen, ermisst man mit Bedauern den Wert des vergangenen Reizes. Wie ist es zu erklären, dass wir uns eines Tages abwenden von dem, was uns einst bezaubert hat? Aus welchem Grund finden wir an etwas keinen Geschmack mehr? Weil wir uns verändern und unsere Vorlieben unweigerlich wechseln? Oder weil uns jene Gabe abhandenkommt, die Dinge zu schätzen und in ihnen das Salz wiederzuentdecken, dessentwegen wir sie lieben lernten?

Nicht aus purer Langeweile oder ewiger Unzufriedenheit erlahmt unser Verlangen und zieht sich hin wie ein schlechter Montag – eher ist ein bisschen von dieser und vielleicht auch von jener mit im Spiel. Ist es wirklich das, was ich will? Pierre-Antoine? Aber warum nicht Jean-Claude? *Should I stay or should I go?* Man bleibt an der Oberfläche dessen haften, was man erforschen und anerkennen könnte, verliert den Geschmack aufgrund einer Art von Apathie. Eine Sehnsucht nach der anderen, halb befriedigt, halb enttäuscht, verschwindet.

Im Grunde hat man das Vermögen eingebüßt, sich etwas zu wünschen – und zugleich das zu begehren, was einem schon gehört. In diesem Viertel wohnen? Ja, bekanntlich ist es sehr schön hier. Die Begegnung mit François? Ein wahres Glück, auch das weiß man. Es gibt das Drama, auf nichts mehr Lust zu haben, es nennt sich »Depression«. Daneben existiert jedoch ein weiteres

Übel, nämlich das eigene Hab und Gut nicht mehr zu mögen oder sehen zu wollen. Demnach sind es nicht die Dinge, die ihren Geschmack verloren haben – vielmehr sind wir es, die keinen Geschmack mehr daran finden.

So besteht die Aufgabe darin, die Prise Salz in unserem Leben neu zu entdecken – jedes einzelne Korn, das alles verändert, das Würze verleiht, zu hegen und zu pflegen. Nicht indem man die Vergnügungen vervielfacht, sondern jenem einen, das man hat, Zeit und Raum zur Entfaltung lässt.

Denn ersehnen heißt nicht konsumieren. Die Sehnsucht strebt nicht danach, das Objekt in sich aufzunehmen und aufzubrauchen – verschlungen, ausgetrunken, einmal gesehen, das war's –, sondern es weiterhin zu achten und zu schätzen. Sonst verlieren die Augenblicke und die Lebewesen ihren besonderen Wert, ihre Fülle: schnell genossen und ebenso schnell wieder vergessen.

Man sollte mit seiner Sehnsucht nie abgeschlossen haben. Die künftigen Bedürfnisse ins Auge zu fassen, ist ebenso wichtig, wie sich an den erworbenen Gütern zu erfreuen. In der Leere, die sie durch ihren Verlust zurücklassen werden, wird man sich erst ihrer eigentlichen Bedeutung gewahr.

Das Ziel liegt nicht darin, die Würze um jeden Preis zu suchen und bis zur Neige auszukosten. Weder Wahn noch Orgie, sondern Aufmerksamkeit gegenüber dem, was man erlebt: ein stilles Einverständnis, die Warmherzigkeit einer uralten Freundschaft, ein unerwartetes Zwiegespräch, ein Kompliment, der salzige Geschmack der bewusst erfahrenen Momente – in einem vollkommenen Gleichgewicht zwischen Intensität und Sanftheit. Denn zu viel Salz trocknet einen aus, zu wenig macht träge. Alles geht aus demselben Wasser hervor. Nichts enttäuscht ganz und gar, aber auch nichts hält wirklich zurück. Als hätte das Dasein nicht mehr als eine Dimension, und nichts mehr wäre darüber zu sagen, als hätte es schon alles gegeben, was es zu geben hatte.

Im Leben ist bei Weitem nicht alles köstlich. Aber es gibt erhabene Augenblicke, da die Welt uns ein Wunder zu offenbaren, ein Geheimnis zuzuflüstern scheint, gewiss das des Glücks, oder etwas in der Art. Es sind jene Augenblicke, deren Farben und Aromen in der Erinnerung zurückbleiben und aus denen wir schöpfen werden, wenn die Tage grau sind und fad schmecken.

Die Dichter und Maler, die Seeleute und Abenteurer haben nicht das Monopol auf solch majestätische Stunden. Jeder von uns kann ein Sammler des Salzes sein, dieser Momente, die alles verändern, die vor allem bewahren.

11.
Die Beständigkeit der Leuchttürme

Orientierungspunkte für sich schaffen

Die Erde blickt nicht ohne eine gewisse Missgunst auf das Meer, das sich frei bewegt und mit Wellen und Kämmen schmückt. Sie versucht es zu zähmen, indem sie ihm vorgibt, was beständig und vorhersehbar ist. Und wir armen Menschen tun es ihr nach: Obwohl das Meer weder Ort noch Meister kennt, wollen wir es unseren Seekarten unterwerfen, als könnten wir es umrunden und ihm Verlauf und Grenze auferlegen.

Aber das Meer gehört allein sich selbst. Es entzieht sich den Gewissheiten und lässt die Eroberungen scheitern. Es gestattet keine Flucht (keine Straße kann darüber asphaltiert werden) und bietet keine Zuflucht (keine Bleibe kann darin errichtet werden). Wie viele Seeleute sind in seinen Gewässern verschwunden? Wie viele Schiffe sind niemals zurückgekehrt? Sind es etwa deren Geschichten, die die Wellen erzählen, wenn sie ans Ufer schlagen?

Um sich vor dem Meer zu schützen, haben die Menschen die Leuchttürme erfunden. Fest im Boden verankert, sind diese gleichsam Wächter, ausgestreckte Hände. Durch ihre Höhe oder Farbe – ein feuriges Rot, ein strahlendes Weiß – stellen sie die deutlichsten Wahrzeichen an Land dar: klar erkennbare Fixpunkte, die den Seeleuten Beistand leisten, indem sie ihnen die Richtung weisen, sie vor dem Untergang bewahren.

Denn in fernen Zeiten, ohne Karten, Messinstrumente und natürlich ohne GPS, navigierten die Kapitäne auf Sicht, behalfen sich mit See- und Landzeichen, die vor Klippen und Untiefen warnten. Unter diesen Hütern war einer eindrucksvoller als alle anderen: der Leuchtturm von Alexandria, erbaut auf der Insel Pharos, die ihm seinen Namen gab. Als eines der sieben Weltwunder angesehen, hat er während fast siebzehn Jahrhunderten die Schiffe nach Ägypten geleitet.

Auf der Landspitze positioniert, versucht das Auge des Leuchtturms das Geheimnis zu durchdringen, das die Brandung in ihr tobendes Blau einschließt. Vom Torre de Belém, am Pointe-au-Père über den Leuchtturm von Ar-Men, denen auf den Halbinseln Skorpion, La Revellata, Dyrhólaey bis zum unheimlichen Leuchtturm von Tévennec oder dem von Lismore[10] sind diese Wächter der Nacht mit Kristalllaternen weder bloße Sehenswürdigkeiten noch Relikte aus der Vergangenheit. Nach wie vor retten sie Tausende von Schiffen vor Gefahren – mit einer Schönheit, die keinem Satelliten im All eigen ist. Sollten sie irgendwann verschwinden, würde damit auch der Mensch etwas von seinem Stolz einbüßen. Dieser Stolz, der sich erhebt im Angesicht des Meeres, zwar ziemlich anfällig, aber umso mehr von Mut geprägt.

10 Jeweils und der Reihe nach gelegen in Lissabon; in der Region Bas-Saint-Laurent in Québec; im äußersten Osten der Bretagne; in Chile; in der korsischen Bucht von Calvi; im isländischen »Südland« oder Suðurland; am bretonischen Raz de Sein – es heißt, die Insel mit dem Leuchtturm werde heimgesucht von einem Mann, der dort hilflos zurückgelassen wurde und verhungerte; auf der kleinen schottischen Insel Eilean Musdile, die zu den inneren Hebriden gehört.

Warum wirkt das Meer am Fuße eines Leuchtturms immer ungestümer als anderswo? Aufwogend setzt es zum Sturm an, entfernt sich für einen Moment, kehrt in den Kampf zurück. Es droht, beißt vom Granit ab, um dann abermals sein tosendes Gebrüll auszustoßen. Warum? Weil der Leuchtturm eine Beleidigung seiner Macht ist. Anmaßender Zyklop und zugleich doch nicht mehr als ein Kerzenstummel gegenüber der Unendlichkeit, fordert er den Ozean heraus.

Auch wir müssen in unserem Leben Aufklärer sein, Leuchttürme, die Rettung verheißen, wenn die Lage aussichtslos scheint. Die eher Trost spenden als Leitbilder oder sichere Werte zu bieten. Können wir eine Bestandsaufnahme unserer Landzeichen machen, jener Orientierungspunkte, die uns nicht im Stich lassen, sondern im Gegenteil Hilfe leisten? Welche sind es? Ein Buch, ein Freund, ein Land? Ein Gott, ein Vater, ein alter Traum vielleicht? Wir sollten eine Liste davon erstellen, sie in unsere Karten eintragen, mit roter Schrift, um sie nicht zu vergessen, und uns darauf beziehen, wenn die Riffe unheilvoll vor uns aufragen und die Wasser ringsum stürmisch wirbeln.

Der Leuchtturm, Boje aus Stein und Flamme, stellt eine Sicherheit dar, die vor dem Ertrinken rettet und zugleich die Hoffnung versinnbildlicht. Wohlgemerkt: die Hoffnung, nicht das Ideal, das sich niemals verwirklicht, jene Vorstellungen von Frieden, die ganz und gar unerreichbar sind. Vielmehr die berechtigte Hoffnung, die einen weiter voranschreiten lässt, zur Begegnung mit dem, was kommt. Diese oft missachtete Kraft, die verhindert, dass man völlig aus dem Gleichgewicht gerät.

Die Hoffnung ist nicht blind. Sie weiß, was es mit der Wirklichkeit auf sich hat, und schätzt sie richtig ein, hält jedoch an der Überzeugung fest, dass man gegen die Mutlosigkeit angehen und die Miesmacher Lügen strafen kann. Inmitten der Stürme ist sie der feste Boden unter den Füßen – und damit auch der Antrieb des Willens, nichtsdestotrotz den nächsten Schritt zu gehen.

Wir alle tragen eine Hoffnung in uns, die nicht enttäuscht werden will und die nicht zurückweichen wird. Hat man je einen Leuchtturm zurückweichen sehen? Unter den Stößen der Winde und Wellen mag er bisweilen erzittern, aber er gibt nicht auf. In ähnlicher Weise können manche Nächte unsere Hoffnungen verdunkeln, ja fast auslöschen. Doch irgendwo züngelt eine Flamme, sendet ein Leuchtturm seine Signale aus und weist uns so einen möglichen Weg.

Es liegt an uns, die Hoffnung zu bewahren, uns der Beständigkeit der eigenen Leuchttürme zu versichern. Führen wir also deren Bestandsaufnahme akribisch durch und markieren auf unseren Routen genau jene Fixpunkte – Personen, Vergnügen, Orte –, die noch nie versagt oder getrogen haben.

12.
Robinson Crusoe

Die Würde des süßen Nichtstuns

Ein junger Engländer aus guter Familie, Sohn eines wohlhabenden Kaufmanns in Yorkshire, rebelliert gegen seine Herkunft und geht an Bord eines Handelsschiffes. Frei, ohne ein anderes Gesetz als das des Meeres, sticht er in See, lässt sich in Brasilien nieder, erwirbt dort eine Zuckerplantage und bewirtschaftet sie.

Doch schon bald reist er weiter in Richtung Afrika. Vor den Antillen erleidet er Schiffbruch, und so wird Robinson – denn das ist sein Name – allein, ohne jegliches Hilfsmittel, sein Überleben bewerkstelligen. 28 Jahre, 2 Monate und 19 Tage bleibt er Gefangener jener Insel, die er »Insel der Verzweiflung« nennt.

Das ist die Geschichte, wie sie Daniel Defoe in seinem Roman *The Life and Strange Surprizing Adventures of Robinson Crusoe of York, Mariner* erzählt.

Die wahre Geschichte, die den Schriftsteller inspiriert haben soll, war die eines gewissen Alexander Selkirk, Bootsmann auf der *Cinque Ports*, ein dickköpfiger

Meuterer, ausgesetzt auf einem winzigen Eiland aus Basalt: Más a Tierra – heute »Isla Robinsón Crusoe« genannt – mitten im Pazifik vor der chilenischen Küste.

Dort blieb er über vier Jahre. Seine Überlebensausrüstung bestand nur aus einer Muskete, Kugeln und Schießpulver, einem Feuerstein, einer kleinen Axt, einem Messer, einem Teekessel, mathematischen Instrumenten, einer Bibel, einem Gesangbuch und ein bisschen Tabak.

Wie sähe das fürs Überleben notwendige Rüstzeug eines Schiffbrüchigen im 21. Jahrhundert aus? Ein Mobiltelefon, eine Mikrowelle und ein Abonnement bei Netflix? Selkirk hatte am Ende seine Muttersprache völlig vergessen – bis hin zur Bedeutung der Worte.

Es waren Ziegen, die sein Leben retteten. Sie lieferten ihm Fleisch, Öl und Kleidung. Er tanzte sogar mit den Zicklein, inmitten von Katzen, die er gezähmt hatte. Bei seiner Rückkehr in die Zivilisation gestand er, im Exil glücklich gewesen zu sein.

Der Roman von Defoe erschien 1719 anonym in London. Es folgte ein wahrer Ansturm auf das Buch: Alle rissen sich um diese angeblichen Memoiren, ein Bestseller war geboren. Robinson wurde zu einem Mythos. Doch nicht zu dem eines glücklichen, müßigen und träumerischen Mannes auf seiner einsamen Insel, unter dem Sternenhimmel schlafend und exotische Früchte genießend – im *Más a Tierra Resort*.

Weit gefehlt: Robinson ist kein Mann des Meeres, sondern der Erde. Er bestellt das Land, errichtet Bauten und Zäune, beschäftigt sich nur damit, das wieder zu erschaffen, was ihm abhandengekommen war – ein Land, eine Gesellschaft, eine Kultur. Er ist ein Arbeitstier, keine Minute bleibt ungenutzt. Die Tage sind nur dazu da, ausgefüllt zu werden, jede Leerstelle wäre gleichbedeutend mit Nachlässigkeit. Wenn Robinson nicht arbeitet, liest er in der Bibel. Sein Glaubensbekenntnis lautet: ein einziger Gott, Unantastbarkeit des Eigentums, Frucht mühevoller Arbeit im Schweiße des Angesichts, eine vollständig auszubeutende Natur, keiner Versuchung erliegen, weder der Saumseligkeit noch dem leichten Vergnügen.

Wenn wir von Robinsonaden träumen, stellen wir uns ganz im Gegenteil vor, wie schön es wäre, auf einer Insel wie in einem wiedergefundenen Garten Eden zu leben, gewiegt von einer sanften Lässigkeit, ohne Zwänge und Verpflichtungen, zwischen Wellen und Azurblau, Salz und Sand. Wo aber entdeckt man noch eine solche unberührte Natur, wo soll man heutzutage in einer vom Tourismus durchkämmten Welt sein Paradies suchen? In einer Welt, wo wir nur den Fußstapfen der anderen folgen, die gleichen Landschaften durchqueren, die gleichen Orte besuchen, die gleichen Ziele ansteuern. Unser Planet ist ein gigantischer Vergnügungspark geworden, eine Beute der Reiseveranstalter, des verheerenden Tourismus.

Es gibt keine wilden Gegenden mehr, überall sind die Räume in Quadrate eingeteilt, normiert und verschmutzt. Falls dort ein neuer Robinson auftauchen sollte, wäre er vielleicht ein militanter Umweltschützer, ein Überlebenskünstler oder Kollapsologe, der das Ende der Welt prophezeit.

Defoes hyperaktiver Schiffbrüchiger ist in unserer Zeit zu einem tragischen Helden geworden. Und die US-amerikanische Fernsehserie *Lost*, in der die Überlebenden eines Flugzeugabsturzes auf einer Insel stranden und ihrem Schicksal ausgeliefert sind, wird einen nicht gerade heiterer stimmen.

Dennoch erzählt die Geschichte von Robinson auch heute noch von unserer Sehnsucht nach einer verlassenen Insel, unserem Bedürfnis nach Abgeschiedenheit und einem ruhigeren, einfachen Leben, in dem sich nicht eine Beschäftigung an die andere reiht. Ein Crusoe des süßen Nichtstuns sein, sich von der Hektik befreien, ständig Dinge zu erledigen, aufzulisten, abzuhaken.

Dem Tourismus ein Ende setzen, unserer Unart, die freie Zeit gleichsam zu verarbeiten, indem wir sie mit vielerlei Sehenswürdigkeiten und Panoramen, kleinen Restaurants und großen Feiern überfrachten. Aber warum alles umgestalten unter dem Befehl, sich zu beschäftigen? Weshalb um jeden Preis und ohne Unterlass das Pittoreske, Aufregende, Faszinierende konsumieren?

Um wieder ein Robinson zu werden, müsste man die aristokratische Unbeschwertheit des amerikanischen Schriftstellers und Naturforschers Peter Matthiessen kultivieren. 1973 nahm er an einer Expedition in Nepal nahe der Grenze zu Tibet teil mit dem Ziel, den

Schneeleoparden zu beobachten, ebenso mythisches wie scheues Tier, Kaiser jener extremen Gebiete.

Als man Matthiessen nach seiner Rückkehr fragte, ob er den derart begehrten Schneeleoparden gesehen habe, lautete seine Antwort: »Nein, ist das nicht wunderbar?« Die größte Höflichkeit, die man der Schönheit erweisen kann, besteht darin, ihr nicht nachzujagen, sondern die Sinne zu schärfen und ihr unvorhersehbares Erscheinen tief in sich aufzunehmen. So hören wir auf, die Welt und unsere Stunden dauernd mit geschäftigem Treiben vollzustopfen.

Die wahre Abgeschiedenheit ist jene, in der man die freien, entspannten Momente nicht durch Tätigkeit verdirbt. Diese Übung ist schwierig, denn wir werden gequält von dem Willen, aktiv zu sein, als müssten wir in einem fort den Beweis erbringen, dass wir existieren. Eine Form von Narzissmus, die uns veranlasst, uns überall und in allem zu suchen? Oder eher eine Angst vor der Leere, die Furcht, mit uns selbst konfrontiert zu werden, so wie wir sind, ohne Umschweife, hilflos?

Der vollendete Robinson ist nicht der von Defoe, verblendet durch den Zwang, etwas mit seiner Zeit anzufangen, sondern jener, der keine andere Absicht hat, als die Erhabenheit der Stille, die Herrlichkeit des *far niente* zu erleben. Und kein Mensch ist eine einsame Insel, wenn er mit sich allein ist.

13. Die Flaggen hissen

*Auszusprechen wagen,
was man empfindet*

Die Schifffahrt hat ihr Alphabet: Alpha, Bravo, Charlie, Papa, Tango ... Sie hat auch ihre Codes und Signale: die Flaggen. Das nautische Flaggenalphabet ist ein weltweit etabliertes System, das unabhängig von der jeweiligen Muttersprache die Kommunikation zwischen Schiffen ermöglicht.

So bedeutet die Flagge A (Alpha): »*Ich habe einen Taucher im Wasser, bleiben Sie auf Abstand bei langsamer Fahrt.*« Die Flagge D (Delta) ist noch bestimmender: »*Stören Sie mich nicht, ich bin manövrierbehindert.*« Die Flagge K (Kilo) ist eindeutig freundlicher: »*Ich möchte mit Ihnen Verbindung aufnehmen.*« Nennen wir schließlich die Flagge V (Victor), ebenso berührend wie alarmierend, ohne jeden Bezug zu *Victoire* (Sieg), denn sie zeigt an: »*Ich brauche Hilfe*!«

Außerdem muss man sich darüber verständigen können, die Flagge zu senken, sie vom Hauptmast herunterzuholen und sich zu ergeben. Nicht sich geschlagen geben, sondern begreifen, dass ein Kampf aussichtslos ist. Manchmal besteht die beste Lösung in der Kapitulation. Loslassen, akzeptieren, was man nicht ändern kann – zumal in Anbetracht der wachsenden Zahl an ignoranten Dummköpfen, skrupellosen Egoisten und ungenierten

Feiglingen. Es gibt Situationen, aus denen man weder Vorteile noch Gewinne ziehen, sondern nur umso erschöpfter hervorgehen wird. Entscheidend ist die Fähigkeit, die Partie im rechten Moment zu beenden, auf das zu verzichten, was man nicht verbessern wird, und sich dem zu widmen, was mehr Erfolg verspricht.

Man kennt einen gewissen Hidalgo de la Mancha namens Don Quichotte, der sich darin erschöpfte, gegen Windmühlen anzukämpfen. Doch der Wind gewinnt immer, denn er weiß sich zu drehen und zu ändern, während der Idealist die Kompromisse und gütlichen Einigungen verweigert und auf seiner heldenhaften Unnachgiebigkeit beharrt.

Wenn er versucht, die Betrüger und falschen Werte der Gesellschaft zu entlarven, so tut er das, um weiterhin von einer besseren Welt träumen zu können. Dadurch aber büßt er seine Kräfte in einer Schlacht ein, die er zweifellos verlieren wird. Man kann nicht alle Windmühlen, kranken Systeme, Tempelwächter und kleinen Chefs bezwingen, um dann ganz allein den Wiederaufbau auf einer gerechteren und ehrlicheren Grundlage zu betreiben.

Erkennen wir gleichwohl an, dass der Ritter von der traurigen Gestalt großartig ist in seinen Kämpfen, eben weil er trotz allem ein Wagnis eingeht – selbst wenn ihm dabei eine Niederlage zugefügt wird –, und die Kühnheit besitzt, seinen Gefühlen Ausdruck zu verleihen, seiner Empörung wie seiner Leidenschaft, seinem Schmerz wie seiner Dankbarkeit. Oft bedauert man ja das eigene

Unvermögen, eine bestimmte Sache auszusprechen, um Hilfe zu bitten oder ein Geständnis abzulegen – und bleibt dann mit all diesen ausgelöschten Worten, unterdrückten Verärgerungen, verschwiegenen Lieben zurück.

So kann man sich durchaus erlauben, die Flagge F (Foxtrott) zu verwenden: »*Ich bin manövrierunfähig, nehmen Sie Verbindung mit mir auf.*« Das ist zwar unangenehm und schwierig, bisweilen jedoch der einzige ehrliche Satz, den man sagen kann. Ein Schiff »manövrierunfähig machen« heißt, es stillzulegen, ihm das zu entziehen, was seine Funktionstüchtigkeit garantiert. Die idiomatische Wendung hat es in sich: Im übertragenen Sinn gibt sie zu erkennen, dass man verwirrt ist, gekentert und sich verlassen fühlt.

In einer solchen Lage kann man nur noch SOS funken, einen Notruf absetzen: »Mayday, Mayday, Mayday«. Das Signal stammt offenbar von Frederick Stanley Mockford, der als leitender Funkoffizier am Flughafen London-Croydon im Jahr 1923 dem Flughafen Le Bourget nahe Paris einen Notfall melden musste. Eigentlich wollte er sagen: »Venez m'aider!« (»Kommt mir zu Hilfe!«), aber da er des Französischen nicht wirklich mächtig war, wurde daraus verkürzt »Mayday!«.

Wie viele Male passiert es auch uns, dass wir mit Worten ringen, sie schließlich für uns behalten und mit ihnen unsere Gefühle? Kein Wunder, wenn dieses immer wieder erzwungene Stillschweigen Unverständnis und Missverständnisse hervorruft. Auf dem Meer hingegen kommt man zur Sache, laviert nicht herum. Mit den beiden Flaggen N (November) und Z (Zulu) gesteht man, dass man in Not ist, mit J (Juliett) und G (Golf), dass man ernste Probleme hat, oder mit Q (Quebec) und L (Lima), dass man sich in Quarantäne befindet. L allein zeigt an: »Bringen Sie Ihr Fahrzeug sofort zum Stehen!«

Die Alltagssprache ist nie so deutlich, bringt nie so entschieden unsere Gefühle zum Ausdruck. Wir verheddern uns in unseren Hilferufen, unsere Weigerungen, diese oder jene Anordnung zu befolgen, sind verschwommen, unsere Warnungen bleiben zögerlich. Meistens reden wir um den heißen Brei herum und geraten dabei ins Stottern.

Wieder einmal vermittelt uns das Meer eine wichtige Lektion: Es lehrt uns, dass unser *Nein* auch wirklich ein *Nein* ist, unser *Ja* ein nachdrückliches *Ja* – und dass unsere Hilferufe, selbst die schlecht formulierten, nicht verschwiegen werden sollen. *Mayday, Mayday, Mayday.*

14.
Hohe See

Wissen, wie man in See sticht

Entgegen der landläufigen Meinung muss man sich vorstellen, dass es Odysseus unglücklich und traurig macht, nach der langen Irrfahrt in seinem kleinen Dorf anzukommen. Und das versteht man: Wer hat schon Lust, vom Meer lediglich die Häfen zu kennen? Auf Reisen nur die Rückkehr zu mögen? Die Docks der Routine wiederzufinden? Schließlich wieder auf dem Kai zu stehen, mit dem Rücken zum Horizont?

Man verbringt so viel Zeit damit, einzuwilligen und nachzugeben. Man akzeptiert, schweigt, verzichtet. Man macht weiter, wie man angefangen hat, ziemlich festgebunden, nicht wirklich befreit. Aufbrechen! Wellen und Gefahren ausgesetzt sein, von den Winden und sogar den Stürmen davongetragen werden, einmal versuchen, sich anderswo umzuschauen, an Orten, an denen man noch nie gewesen ist.

Allzu oft führen wir ein häusliches Leben, in dem wir uns mehr verbieten, als wir hoffen. Was die eigene Person betrifft, denken wir fast nie in einem größeren und weiteren Rahmen. Es fehlt uns an Wagemut. Das flüstert uns das pulsierende maritime Leben zu, das der Matrosen, Seefahrer, Schiffsjungen, der Verlobten des Atlantiks und der Weltumsegler. Wenn sie die Meere überquert haben, dann ohne sich aufzuspielen oder zu prahlen, einfach weil für sie das wahre Leben dort draußen war, fern von den Küsten. Ein Leben am Bug, ohne Adresse, ohne Bindung.

Das Meer spricht von der reinen und rauen Freiheit: keine Grenzen, keine Hemmnisse. Aber damit ist viel weniger ein Vagabundieren als ein Anspruch gemeint. Denn es braucht großen Mut, um aufs Meer hinauszufahren, die Beschränkungen und Verpflichtungen abzuschütteln, ja sogar das Gerede der Leute. Was bedeutet übrigens das Verb »beschränken«? Nichts anderes als abschnüren, einengen. Die Wahrheit lautet also: Unser Leben ist förmlich zusammengepresst, kurzatmig.

Auf hoher See ist es das genaue Gegenteil: Man wird von der auf- und absteigenden Bewegung davongetragen, von der vertikalen Dimension ergriffen. Man betrachtet nur, was sich ausdehnt: den Horizont, den Himmel, das Unendliche. Kein Seemann, keine Seefrau richtet den Blick nach unten. Im offenen Gewässer hat man mit einer bodenständigen, engstirnigen Existenz abgeschlossen. Man duzt die Götter, schaut höher hinauf, fasst das Größere ins Auge. Außerdem ist man den Sternen näher als den Menschen, die im Hafen geblieben sind. Dort draußen herrscht ein milder Größenwahn, während das Herz sich weitet und die Ideen tiefer in den Raum reichen.

In See stechen bedeutet auch, die Dinge wieder an den richtigen Platz zu rücken, wo sie hingehören. Den Kopf heben, weiter in die Ferne blicken und sich sagen, dass eigentlich vieles einen behindert: die Scherereien, die uns das Leben vergällen, die Ziele, die uns entgleiten, die Beziehungen, die uns belasten. Losfahren, teilhaben an jenem Schwung der Wellen, die entschieden davonziehen, die Ufer verlassen, um nie wieder als die gleichen zurückzukehren. Den Ballast all dessen abwerfen, was uns zusetzt und blockiert.

Tatsächlich beschleicht uns manchmal das Gefühl, nicht genug gelebt zu haben, uns zu häufig zermürben und ausnutzen zu lassen von Angelegenheiten, denen wir im Grunde keine Beachtung schenken sollten. Also treffen wir die Entscheidung, diese hartnäckigen Störungen zu beseitigen. Ja, doch ab wann? Im kommenden Sommer? An einem der nächsten Tage? Ständig nimmt man sich vor, *wirklich* zu leben, vielleicht morgen. Man bereitet sich darauf vor, aber letztlich gelingt es einem nie. Gleichwohl wiederholt das Meer seine Botschaft: Man darf seine Freiheit nicht auf einen späteren Zeitpunkt verschieben, sondern muss das Leben endlich in vollen Zügen genießen, all das loswerden, was nichts bringt und das Gehirn nur mit sinnlosen Sorgen ausfüllt.

Ebenso gilt es, keine Zeit mehr zu verlieren – Zeit, die uns gestohlen und verdorben wird mit der Folge, dass wir unter der Last der Belanglosigkeiten leiden. Sehen wir nicht, dass wir unsere Tage mit Tätigkeiten verbringen, die wir gar nicht ausführen wollten? Das Meer sagt, wir sollen uns nicht unter Wert verkaufen, mit unseren Kräften haushalten, unsere Talente nicht vergeuden für Aufgaben, die die Mühe nicht lohnen.

Verkaufen wir also unsere Gegenwart so teuer wie möglich, achten wir auf uns selbst. Darauf, was in uns am stärksten und am wahrsten vibriert und sich nicht durch die Sorgen einer Kleinkrämerseele unterdrücken lassen sollte: »Sie hat mir gesagt …«; »Er wird denken …«; »Ich muss mich rechtfertigen, mich erklären …«

Die hohe See ist die Anökumene, der unbewohnte Teil der Erde, wo es weder Stadt noch Land, weder Wüste noch Oase gibt. Eine Welt, in der der Mensch weder seine Spuren hinterlassen noch seinen beherrschenden Einfluss ausgeübt hat. Sie ist das unberührte Gebiet, das weder Invasion noch Kontamination gestattet. Nicht unsere kleine Gartenparzelle zu pflegen, fordert das Meer uns auf, sondern unsere herrliche Anökumene. Sein Wind ruft uns. Er kommt, um uns aus unserem verhinderten Leben zu befreien.

15.
Seekrankheit

Die Verwundungen
des Herzens überleben

Wir haben ein Problem und nur wenige Lösungen. Unser Problem: die Seekrankheit. Soll man, um ihr vorzubeugen, Ingwerwurzeln kauen und dann aufrecht, mit gespreizten Beinen an Deck stehen? Wenn das nicht wirklich hilft, bietet sich uns eine andere Lösung: die Dämme. Das ist ein bewährtes Mittel, um sich vor der Urgewalt der Wellen und der Gefühle zu schützen, des Meeres leidenschaftlicher Liebe, das uns zwar mit sich reißt, zugleich aber verheerende Schäden und Schiffbrüche zur Folge hat. Niemand ist davor gefeit, niemand kommt mit heiler Haut davon.

Die Liebe: ihre Poesie, aber auch ihre Stürme. Auf einem Gemälde, das im Louvre hängt, hat der französische Maler Jean-Antoine Watteau zu Beginn des 18. Jahrhunderts die Sanftmut des Liebens dargestellt: *L'Embarquement pour Cythère* (Die Einschiffung nach Kythera, der Insel der Venus, die nur eine Jahreszeit kennt, nämlich den Frühling). Die Figuren sind paarweise angeordnet, in einer idyllischen Atmosphäre aus Seide und Lächeln, Liebkosungen und Beteuerungen. Man ist glücklich und verliebt – für immer. Die Zeit ist zu einer Ewigkeit reiner Wonne geworden. Alles ist leicht, luftig, göttlich. Man geht nicht, man schwebt. Das Meer im Hintergrund ist ein Versprechen von zärtlichen Paradiesen und zahllosen Freuden. Die Leinwand enthüllt nicht, was es mit der Schifffahrt und ihren Gefahren auf sich hat, mit dem Getöse und den Verlusten, die sie unweigerlich verursacht.

Nichts drückt besser als das Meer aus, wozu die Liebe imstande ist – ebenso zu trösten wie zu ertränken, ebenso zu begeistern wie zu demütigen. Die Liebe gibt so viel, wie sie nimmt. Sie stirbt oder bringt uns um, wie die Wellen uns wegspülen. Sie ist der Leuchtturm und das Riff, die Flamme und die Klinge. Sie schenkt im Überfluss und entzieht mit Gewalt. Denn die Liebe, noch die schönste, noch die stärkste, dauert nicht ewig. Das ist verhängnisvoll. Man befiehlt den Gefühlen genauso wenig wie den Ozeanen. Sie kommen und gehen, wie sie es wollen. Ihre Gegenwart ist ein Wunder, ihr Schaden nicht wiedergutzumachen.

Die Liebe ist ebenso unbezähmbar wie zerbrechlich, sie entsteht und gedeiht, verwelkt und entschwindet. Unter sämtlichen Kümmernissen sind die des Herzens mit am trostlosesten. Denn ohne Liebe ist man überhaupt nichts, man existiert für niemanden. Der Trennungsschmerz verbannt einen nicht nur in die Einsamkeit, es ist noch viel schlimmer: Man zählt nicht mehr, ist fortan anonym, wird ignoriert. Vorbei die Schmetterlinge und Schwalben, der Glaube, dass einem Flügel wachsen. Man wird zurückgeworfen auf seinen Status als Erdbewohner, auf Bodenniveau.

Der Liebeskummer ist deshalb so unerträglich, weil alles wie in der Liebe abläuft: Man denkt nur an ihn, sieht nur sie, erwartet nur ihn, ist besessen von ihr. Er ist nicht mehr da, aber man ist weiterhin abhängig; sie spricht nicht mehr mit einem, doch man hofft noch, ihre Stimme zu hören. Wie die tragischen Helden kann man vom Schmerz zur Wut übergehen, von Rache und all dem träumen, was die Verbundenheit in Hass verwandeln würde. Man kann aber auch die Kunst erlernen, Dämme zu errichten, jene Bauwerke, deren einzige Aufgabe darin besteht, die Schäden zu begrenzen. Eine Art, um auszudrücken: Undankbarer Mensch, du wirst mich nicht unterkriegen.

In den Niederlanden gibt es eine Spezialeinheit, die sich um all das kümmert, was mit dem Kampf gegen das Wasser zu tun hat. So ähnlich wie das staatliche Bauamt, zuständig für Straßen und Brücken. Diese »Deichschutz-Truppe« ist eine wahre Armee zur Landesverteidigung. Ihr verdanken die Niederlande ihre Existenz, denn die Dämme, die einzigen Erhebungen in der Landschaft, haben sie vor Überschwemmungen bewahrt. Die Deiche müssen dauernd instand gehalten werden, denn jeder Durchbruch würde eine gewaltige Katastrophe auslösen. Diese Arbeit ist von so hoher Bedeutung, dass sich im Laufe der niederländischen Geschichte ein eigener Adelsstand gebildet hat, die sogenannten »Deichgrafen«, beauftragt mit der Überwachung der Dämme.

Das lehrt uns, dass auch wir die Fähigkeit besitzen, wie schwach oder angeschlagen sie auch sein mag, Dämme zu bauen und damit den Schmerz in Schach zu halten. Denn die Kümmernisse des Herzens drohen mit Auslöschung; sie können uns den Boden unter den Füßen wegziehen und von der Karte der Lebenden tilgen.

Sie finden das übertrieben und meinen, ein Liebeskummer sei trotz alledem kein Todesfall? Doch, genau das ist er: Für die andere Person, die noch gestern oder sagen wir vorgestern geschworen hat, mich immer zu lieben, bin ich gestorben. Von einem Moment zum anderen bin ich hinfällig, ausradiert. Eben deshalb ist die Taktik, in unserem Inneren Dämme zu errichten, besonders geeignet und empfehlenswert. Man muss weiterleben im Kampf gegen das, was einen verschlingt, oder schlimmer: verleugnet.

Manche Menschen werden wieder zu sich finden und sich trotz allem lebendig fühlen, indem sie sich dem Schreiben widmen, ihr Glück nicht mehr abhängig machen von jemandem, den man zu sehr idealisiert hat, endlich in jenes ferne Land reisen, das sie immer schon besuchen wollten, ihr Aussehen verändern, ihren Wohnort wechseln, ihr Verhalten neu ausrichten oder ein heilsames Selbstbewusstsein entwickeln, das sich von anderen nicht mehr abwerten lässt. Nicht was man macht ist wichtig, sondern der Wille, den Schmerz einzudämmen, der durch den Liebesentzug hervorgerufenen Verneinung seiner selbst Einhalt zu gebieten.

Man kommt so nicht ohne Wunden davon, verhindert aber, dass sie zu stark bluten. Man wird ein Mittel gegen den Liebeskummer wie gegen die Seekrankheit finden. Gemäß dem Rat der Seeleute sucht man sich einen festen Punkt, der durch den Wellengang nicht angehoben wird, oder das Äquivalent eines Deichs – ein Bollwerk gegen das, was uns mit sich zu reißen droht. Undankbarer Mensch, ich sage dir, du wirst mich nicht unterkriegen.

16.
Seeleute

Der Held des eigenen Lebens sein

Es hängt in der Tate Gallery in London. Eine Qual aus Grau und Ocker, Weiß und Schwarz. Man ahnt die undeutliche Silhouette eines Schiffs, und ringsum tobt der Sturm. Wasser und Himmel bilden eine einzige Sphäre der Raserei, fast hört man ihren entfesselten Sog. Das Ganze besteht nur aus Bewegung und Farbe, als würden Blitz und Donner gleich aus der Leinwand hervorschießen. Das Schiff ist in ein fahles silbriges Licht getaucht, wie die vage Erinnerung an einen blauen Himmel.

Dabei handelt es sich um ein Gemälde von William Turner aus dem Jahr 1842, betitelt *Snow Storm, Steam-Boat off a Harbour's Mouth* (Schneesturm mit Dampfschiff vor Hafeneinfahrt). Das Schiff befindet sich draußen auf dem Meer, wo es nichts gibt als Wellen, Nebel und Himmel. Eine Inschrift auf der Leinwand präzisiert, dass »der Urheber in der Nacht, als die *Ariel* Harwich verließ, in diesem Sturm war«. Er soll die Matrosen sogar aufgefordert haben, ihn am Mast festzubinden, damit er den Seegang beobachten könne. Den Berichten zufolge wurde er vier Stunden lang von der Brandung gepeitscht in der Gewissheit, nicht davonzukommen.

Sicherlich enthält Turners Darstellung mehr Legende als Realität. Aber sein Gemälde, das die Verschmelzung von Meer, Luft und Menschen vor Augen führt, überdauert. Seeleute sind keine Sportler, ihr Ziel ist nicht die Leistung, selbst wenn sie an Hochseeregatten teilnehmen: Route du Rhum, Vendée Globe, America's Cup … Sie suchen etwas anderes – nämlich dem Ozean begegnet und »vorbeigekommen« zu sein, wie es Éric Tabarly, mythische Figur des Hochseesegelns, formulierte. Sein eigener Held zu werden. Denn auf dem Meer ist man der einzige Meister an Bord.

Man kann nur auf sich zählen, auch wenn Technik und Winde ihre eigene Rolle spielen, und obwohl man von der Besatzung umgeben ist. Da liegt es auf der Hand, was *entscheiden* eigentlich bedeutet – dieser Akt, sich dem Risiko zu stellen und ins Ungewisse vorzudringen. Man kann eine Entscheidung nicht zur Hälfte treffen, sondern fällt sie mit ganzer Seele, engagiert sich hundertprozentig.

Die Gestalt des Seefahrers verkörpert jene Idee von Ganzheit, von einem Leben, das keine Halbheiten kennt. Wie können auch wir diese rigorose Einstellung annehmen, ohne zu fernen Ufern oder Weltumsegelungen aufzubrechen?

Zweifellos beginnen die Schwierigkeiten damit, dass wir nicht frei in unseren Entscheidungen sind, wenn wir uns ausbeuten lassen und nach jemandes Pfeife tanzen, immer bereit, *Ja* zu sagen. Der Seemann hingegen ist der große Gewinner des Spiels *Weder ja noch nein*: Er antwortet einfach nicht, wenn man ihn ruft, bleibt auf Abstand, hüllt sich in Schweigen.

Dieser unangepasste Charakter sagt alles über die erträumte Beziehung des Menschen zum Meer: Frei entzieht er sich den Zugriffen; widerspenstig verweigert er den Gehorsam. Warum ruft das Meer ein solches Draufgängertum hervor? Weil es uneinnehmbar ist. Es ist die lebendige Metapher dessen, was die Freiheit ausdrücken möchte – sich weder einschließen noch behindern lassen.

Das Meer ermutigt uns, dass wir uns nicht verpflichtet fühlen müssen, jederzeit zu antworten, pausenlos zu helfen, schweigend zuzuhören. Das Meer und die Seefahrer sprechen zu uns von einem willkommenen, gesunden Egoismus, der einem die Unabhängigkeit bewahrt.

Außerdem veranlasst das Meer uns, unsere Einzigartigkeit zu pflegen. Gegen alle Widerstände brauchen wir uns – wie Turner an seinem Mast – nicht damit zu begnügen, was wir dem Anschein nach sind. Vielmehr können wir unsere *Idiosynkrasie* verteidigen. Seien wir versichert: Der Begriff verweist weder auf eine Pathologie noch eine Manie. Er besagt, dass jede(r) von uns einzigartig ist, bis zum Verschrobenen und Aufsässigen.

Tatsächlich führt die griechische Etymologie des Wortes zur Vorstellung von einem besonderen Temperament zurück, das sich allen Klassifizierungen widersetzt. Stellen wir also regelmäßig die Frage: Wie kommt es, dass ich ich bin? Denn wir existieren in dem Maße, in dem wir uns unterscheiden – von den anderen, davon, was sie wollen und über uns zu wissen glauben.

Versuchen wir vor allem, unser Idiom zu sprechen – das Wort stammt aus der gleichen griechischen Wurzel *idios*, was so viel bedeutet wie »besonders«, »jedem eigen«. *Idiotisch sein* hatte demnach im alten Griechenland sofort mehr Stil. Es ist keine Beleidigung, sondern eine Kunst, die darin liegt, die Hauptfigur im unveröffentlichten Roman seines Lebens zu sein. Wie kultiviert man diese Idiosynkrasie? Wie ist man »idiotisch«, nicht angepasst, nicht eingereiht?

Indem man die Erwartungen enttäuscht, nicht dort ist, wo man nach Ansicht der anderen sein sollte. Indem man jede Art von Hausarrest verweigert: Nein, ich bin nicht so, wie ihr denkt. Nein, ich bin nicht so, wie ihr es gerne hättet. Machen wir uns den Spruch des Dichters zur Devise: »Kommt mir entgegen. Ich komme euch nicht entgegen!« Man hat das Recht aufzubegehren, nicht einzuwilligen. Wie auch jenes, nicht zu gefallen, zu stören. Trotzt der Seemann nicht ohne Gott, ohne Regeln den Kaps?

Die Mitglieder der Bruderschaft der Kaphoorniers – diese Abenteurer, denen es gelungen ist, das Kap Hoorn auf einem Frachtsegler ohne Motor zu umrunden – tragen am linken Ohr einen Ring, um ihre Andersartigkeit zu zeigen. Man muss sich nicht ein Körperteil durchstechen lassen, um die Tatsache zu feiern, nur sich selbst anzugehören, kann aber, nach ihrem Vorbild, das Wilde und Ungezähmte kultivieren.

17.
Meeresküsten

Von der Bedeutung des Müßiggangs

Die Römer gingen aufs Land, um Rom und der unerträglichen Hitze zu entfliehen. Wohlhabende Patrizier bezogen ihre Villen in Kampanien: Neapel, Amalfiküste, Capri ... Damit haben sie uns das gute Beispiel für eine Lebenskunst gegeben, die des *otium*, des Müßiggangs, jene gesegnete Zeit, die man ausschließlich mit zweckfreien Tätigkeiten verbringt, die aber die Seele hebt und den Geist nährt – mit Lektüre und Philosophie, Meditation und Gesprächen unter Freunden.

Das *otium* ist das genaue Gegenteil des *negotium*, der geschäftlichen Angelegenheiten, all dessen, was einen beschäftigt und besorgt, des Lebens nach Uhrzeiten und Terminkalendern, bestehend aus Verpflichtungen und Einschränkungen. Jenes römische Erbe haben wir jedoch verloren: Auch die Ferien, ja selbst gelegentliche Rückzüge und die Wochenenden sind für uns verbunden mit »Handeln«, das uns der Vorgabe unterwirft, etwas zu unternehmen und vollständig ausgelastet zu sein.

Wir versuchen auch in der Freizeit, sogar das kleinste Intervall mit einer Aktivität zu füllen. Sagen wir im

Übrigen nicht, wir hätten Irland, Island oder einen Kurs über makrobiotische Ernährung »gemacht«? Alles ist Arbeit, alles ist Beschäftigung. Kein Wunder, dass wir sofort nach der Heimkehr wieder vom hektischen Rhythmus des Büros erfasst werden – wir haben ihn einfach nicht hinter uns gelassen.

Der römische Grundsatz des *otium* war ganz anders. Diese freie Zeit hat nichts zu tun mit unseren aktuellen Freizeitbeschäftigungen, die viel eher vom *negotium* herrühren. In unseren Ruhepausen reihen wir nämlich eine Verabredung an die nächste, unsere Reisen sind vollgestopfter als unsere Terminkalender. Sie sind nur kurze Unterbrechungen in einem Kontinuum an Aktivitäten. Und unsere Wochenenden dienen meistens dazu, die innere Batterie neu aufzuladen ... um dann ein wenig gestärkt zur Arbeit zurückzukehren.

Der römische Müßiggang – dessen ferner Abkömmling das italienische *far niente* ist – war eine von der Sorge um andere, der Pflicht und dem ganzen Tribut, den wir dem gesellschaftlichen Leben zollen, befreite Zeit. Die Wahrheit ist, dass wir heutzutage nicht wirklich leben: Das verschieben wir dauernd auf später, auf die kommenden Ferien.

Der französische Begriff *vacances* (Ferien) stammt ebenfalls aus dem Lateinischen, von *vacare*, also »ohne sein«, »leer sein«, »frei sein«. Daher spricht man von einer »vakanten Stelle«, wenn sie unbesetzt ist. Um unsere Ferien in vollen Zügen zu genießen, sollten wir in dieser Zeit vielleicht für niemanden mehr da sein. Untertauchen.

Schluss mit den Bitten, Forderungen und Fragen, um sich einer einzigen Aufgabe zu widmen – zu leben. Man könnte sogar so weit gehen, das Bewusstsein von der eigenen Person zu verlieren, das häufig dem Blick der anderen auf sie entspricht, den man verinnerlicht und fürchtet.

Das wahre Fest besteht darin, solche Formeln wie »Es ist notwendig ...« und »Ich muss ...« zu verbannen. Nicht mehr einsatzbereit sein, sondern tagträumen. Die Dinge erhalten einen besonderen Glanz, wenn man sich die Zeit nimmt, nichts zu tun, einfach nur auf die Umgebung zu achten. So wird die unscheinbarste Bewegung in der Szenerie, die geringste Veränderung zu einem kleinen Ereignis: das Spiel des Lichts auf dem Dach gegenüber, der sprühende Witz in diesem Gespräch mit meiner Nichte, die Klugheit jenes Autors oder die heisere Stimme des Meeres im Sommer.

Uns hingegen ist es gelungen, auch noch die Ferien zu verunstalten. Eigentlich sollten sie das wiedergefundene Paradies sein, sind jedoch in den meisten Fällen nur ein abzuspulendes Programm. Ohne freie Zeit, ohne uns jeder Beschäftigung zu widersetzen, haben wir den Urlaub in Fließbandarbeit verwandelt: Führungen, Fotos, malerische Orte, Ausflüge, Belustigungen, Partys. Man könnte meinen, an einem Wettbewerb teilzunehmen, ja an einem Wettlauf gegen die Zeit.

Wenn es einen Ort gibt, wo diese Unfähigkeit, wahre Ferien zu verbringen, zutage tritt, dann am Meeresufer.

Würden wir, im 21. Jahrhundert, uns noch an die ersten Badeurlaube erinnern, als diese vor allem therapeutischer Natur waren, angesiedelt zwischen Rehabilitation und Gymnastik?

Der Strand ist eine englische Erfindung aus dem 18. Jahrhundert. Vorher waren die Ufer nicht zu bereisende, ja heruntergekommene Orte. Das Meer, Verursacher von Überschwemmungen und Katastrophen, erregte nur Misstrauen. Allerdings gestand man ihm vom Mittelalter bis zum 18. Jahrhundert jene Tugend zu, die rasende Wut zu heilen. Das ist erwiesen, die Wütenden haben Angst vor Wasser. Das Übel mit dem Übel behandelnd, tauchte man diese Unglücklichen, Menschen und Hunde zusammen, kopfüber ins Meer, nicht weniger als siebenmal. Irgendwann aber erhoben sich Stimmen, welche die Wirksamkeit einer derartigen Behandlung hinterfragten.

Dann haben sich, *thanks to God*, die Engländer eingemischt: Das Meer wurde zum Heilmittel – genauer gesagt zur Thalassotherapie (von Griechisch *thalasso*, Meer). Brighton war der erste Badeort – für die Neurotiker. Das Bad im Meer galt nämlich als heilsam gegen den *Spleen*, die mentale Erschöpfung und Nervosität. Das Rezept war streng: Es ging nicht darum, sich zu entspannen, sondern sich zu regenerieren – durch das Eintauchen in kaltes Wasser mit einer Temperatur von nicht mehr als knapp 14 Grad.

Ein Badekarren näherte sich den Wellen, und der Patient, unterstützt von einem »Bademeister«, bereitete sich darauf vor, ihnen zu begegnen. Bis ins 19. Jahrhundert war der Strand gemäß einer strikten Trennung zwischen Männern und Frauen gestaltet. Erst um die 1860er-Jahre wurde er als Ort des Vergnügens betrachtet. Und die Franzosen taten es den Engländern nach, Deauville war geboren. Dort bewunderte man die Badenden, die in ihren Badeanzügen einherschritten. Saint-Tropez und Brigitte Bardot kamen später. Nicht das Mittelmeer hat also den Badesommer erfunden, sondern der Ärmelkanal.

Könnte jene alte Vorstellung vom therapeutischen Zweck des Badens im Meer den Stachanowismus[11] vieler zeitgenössischer Urlauber erklären? Heute schreckt man nicht davor zurück, die Wellen gewissermaßen zu asphaltieren: Auf Jetskis kommt und geht man, auf und ab, macht aus dem Meer einen Boulevard. Weil das Auto uns fehlt, der Motorenlärm, die Verschmutzung, die Staus ... Wellenreiten, arbeiten, schlafen: Wir Menschen haben die entsetzliche Neigung, die Schönheit in Hässlichkeit zu verwandeln.

So betrachten wir an der Meeresküste schließlich gar nicht mehr das Meer. Bloßes Dekor, herabgemindert

---

11 Benannt nach dem sowjetischen Bergmann Alexei Grigorjewitsch Stachanow, der am 31. August 1935 im Bergwerk Zentral-Irmino in der Oblast Lugansk in einer Schicht 102 Tonnen Steinkohle förderte und damit die gültige Arbeitsnorm um 1457 Prozent übererfüllte (*Anm. d. Übers.*).

auf ein Schwimmbecken oder eine Übungspiste, wird es uns gleichgültig, quasi unsichtbar. Man ist am Strand, als säße man auf der Terrasse, um mehr die Sonnenanbeter zu beobachten als die Wellen, versucht die Bedingungen des Lebens in der Gesellschaft, in Mietshäusern und Eigentumswohnungen, wiederherzustellen, denen man doch eigentlich entfliehen wollte.

Die Meeresküste sollte ganz im Gegenteil die Gelegenheit für ein Gesamterlebnis sein, reines Entzücken, das den Seh-, Geruchs-, Hör- und Tastsinn weckt. Selten sind die Vergnügen, die anregend wirken und dadurch sämtliche Sinne befriedigen können. Gerade deswegen müssen wir lernen, die Zeit zu befreien, sie nicht auszufüllen, sondern offenzulassen für das, was sich uns ringsum darbietet. Sehen, spüren, zuhören, berühren, aber weder fotografieren noch konsumieren. Die Obsession des *Machens* eintauschen gegen die Gelassenheit des *Nichtmachens*. Einfach in den Ferien sein, losgelöst von jeder Sorge, jedem Ergebnis.

18.
Das Kap der Angst

Der Macht der Fantasie vertrauen

Als *ressac* (Brandung) bezeichnet man Wellen, die sich an einem Hindernis brechen, um schäumend vor Wut und Groll wieder davonzuziehen. Vom spanischen *resacar* (»noch einmal schießen«) herstammend, entstand das Wort 1492, dem Jahr, als am 12. Oktober die Karavellen[12] *Pinta* und *Niña* sowie die Karacke[13] *Santa María* von Christoph Kolumbus im Archipel der Bahamas die Insel Guanahani erreichten – später umbenannt in San Salvador.

Es gibt kein Meer ohne Klippen und Felsenriffe, jene Gefahren im Wasser, gegen die Wellen und Schiffe prallen. Sie sind verborgen und tückisch oder riesig und aus Korallen.

---

12 Die Karavelle war ein zwei- bis viermastiger Segelschifftyp des 14. bis 16. Jahrhunderts. Sie war schnell und konnte den Wind für sich nutzen.

13 Großes Segelschiff, das neben der Karavelle von den spanischen und portugiesischen Seefahrern bevorzugt wurde.

Der Pazifik beherbergt vor der Nordostküste Australiens das Great Barrier Reef, das spektakulärste Riff des Planeten, das sogar vom Weltraum aus sichtbar ist. Es handelt sich um das größte lebendige Gebilde der Erde – oder des Meeres, wie man will – und breitet sich über etwa 350.000 Quadratkilometer aus. Ein Kontinent unter den Kontinenten.

Doch nicht alle Klippen verfügen über eine solche Pracht; einige sind hinterhältig und auf keiner Karte verzeichnet. Die Schifffahrt ist nie ohne Risiko. Man muss wissen, wie man ein Wagnis eingeht, seine Stärken und Schwächen richtig einschätzt.

Man muss das Kap Bojador passieren. Heute *Boujdour* genannt, liegt es am Rand der Westsahara südlich der Kanarischen Inseln. Jenseits davon vermutete man ein Meer der Finsternis. Erst im Jahre 1434 gelang es dem portugiesischen Seefahrer Gil Eanes nach zahlreichen gescheiterten Versuchen schließlich, dieses Kap der Angst zu überwinden. Damals bildete es die südlichste Grenze der in Europa bekannten Gebiete.

Monsterwellen und Riffe, schneidend scharf wie Schwertklingen, verwandelten das Kap in einen Ort des Verderbens. Es hieß, seine Wasser kochten und wimmelten vor Ungeheuern. Die meisten Seefahrer wagten sich nie zu ihm vor, da es fast unmöglich war, gegen die Windrichtung von dort zurückzukehren.

Gil Eanes konnte das Kap umschiffen und die damals bekannte Welt bis Afrika erweitern, weil er Kühnheit und Fantasie unter Beweis stellte. Zu jener Zeit navigierte man gewöhnlich an den Küsten entlang und entfernte sich selten mehr als ein paar Tage von den markierten Routen. Eanes hingegen steuerte einen riskanteren Kurs – gemäß der Methode »Punkt der Fantasie« (»*ponto da fantasia*« in seiner portugiesischen Muttersprache).

Dank seiner genauen Kenntnis der Winde und Strömungen verstand er, dass man den richtigen Zielort am besten erreicht … indem man sich von ihm entfernt. Also einen weiten Umweg abseits der Küsten macht und nach persönlicher Einschätzung segelt – anhand der wenig zuverlässigen Hinweise des Kompasses, der letzten bekannten Position und der in etwa zurückgelegten Strecke. All dies hatte mehr mit Fantasie als mit Wissenschaft zu tun. Man ermittelte die Position nicht wirklich, man stellte sie sich ungefähr vor.

Aber gerade durch jenes ausgedehnte Wendemanöver namens *volta da Guiné* wurde die Schifffahrt im offenen Meer möglich. Die Zeit der Mythen war vorbei und das Kap Bojador nur noch eine Etappe auf dem Seeweg nach Indien, den bald ein gewisser Vasco da Gama einschlagen sollte.

Die große Lektion der Umrundung des Kaps der Angst besteht darin, Abstand zu gewinnen, statt sich mit gesenktem Blick auf das Problem zu fixieren. Man weicht den Klippen aus, indem man die eigene Position ändert, eine Wende vollzieht.

Oft ergibt sich eine Lösung wie von selbst, sobald man das Büro verlässt, einen Spaziergang unternimmt, den

Kopf hebt. Wer eigensinnig auf etwas beharrt, kann den Ausweg nicht sehen, sondern nur das, was direkt vor seinen Augen liegt. So entschwindet der Horizont und mit ihm jede ungeahnte Möglichkeit. Erst durch einen Schritt zur Seite entzieht man sich scheinbar festgefahrenen Situationen. Man muss in Bewegung kommen, auf andere Gedanken.

Es ist nämlich die Einbildungskraft, die wir, von Angst ergriffen oder übertrieben an den eigenen Gewohnheiten festhaltend, zuerst opfern. Wir glauben uns vor Gefahren zu schützen, indem wir eine verschlossene Haltung annehmen: So müssen wir es machen, sagen wir uns, weil wir es auch früher schon so gemacht haben, das behalten wir bei. Bleiben wir in Sicherheit, entlang der verzeichneten Küstenlinien, und beschreiten nur die ausgetretenen Pfade. Doch wir sollten das Gegenteil tun, nämlich unser Blickfeld erweitern, es von dem befreien, was uns selbstverständlich erscheint.

Haben wir etwa noch nicht bemerkt, wie schlecht wir uns selbst beurteilen können, den anderen hingegen gute Ratschläge zu erteilen wissen? Aus allzu großer Nähe sehen wir nie deutlich. Wir verschaffen uns keinen Eindruck von einem Gemälde, wenn wir die Nasenspitze dagegen drücken. Vielmehr müssen wir ein paar Schritte zurücktreten, um es in seiner Gesamtheit zu erfassen.

Es heißt, der Kurzsichtigkeit zu widerstehen und neue Perspektiven zu entwerfen, um eine Situation angemessen einzuschätzen. So zeichnen sich deren Umrisse ab, wird der Sinn der Dinge allmählich offenbar.

Ruhen lassen, einen Umweg machen – genau genommen: Trennwände einreißen, hinausgehen, sich »entwirren«, dann mit frischen Ideen und unverstelltem Blick zurückkehren, um dem Problem anders zu begegnen. Die Grübelei ist ein ebenso schlechter Ratgeber wie die feste Überzeugung, über alles Bescheid zu wissen. Nutzbringender ist der Aufbruch in Richtung Neuland. Aus Angst vor dem Ungewissen nicht um jeden Preis die fertige Antwort parat haben wollen, sondern akzeptieren, keine Lösung zu finden. Diese wohltuende Pause weckt die Fantasie, führt zu glücklichen Entdeckungen.

Wenn, wie bereits dargelegt, Selbstvertrauen und Vorsicht vor dem Scheitern bewahren, indem man sich weder über- noch unterschätzt, so erlaubt uns die Fantasie, noch weiter zu gehen. Sie lässt uns in Erwägung ziehen, was unserer Aufmerksamkeit bisher entgangen ist, und die Dinge mit neuen, unvoreingenommenen, aufnahmefähigen Augen betrachten.

Sich sagen: »Und wenn ich noch einmal ganz von vorne anfangen würde …«, vergessen, was man immer als richtig angesehen hat, und einen völlig überraschenden Versuch riskieren. Denn Gewohnheiten und Befürchtungen versperren ebenso wie allzu große Gewissheiten die Sicht. Die Lösungen, die sich zuerst ergeben, sind selten die guten, sondern nur die eingespieltesten, oft auch die zaghaftesten.

Bei dieser »Fahrt auf Sicht«, die das Leben ist, darf man sich nicht verbieten, auf die eigene Fantasie zu setzen und jene Macht zu erproben, die noch nie bedachte

Antworten haben können. Nicht indem man den Autobahnen folgt, passiert man die Kaps, sondern indem man neue Wege eröffnet.

19.
Der weiße Wal

Wissen, was man sucht

Die *Pequod*, ein altes Walfangschiff von der Insel Nantucket im US-Bundesstaat Massachusetts südlich von Cape Cod, liegt im Hafen. Sonne und Stürme haben die Segel gebleicht und den Rumpf verwittern lassen. Seit über 50 Jahren durchpflügt sie die Meere und Ozeane. In ihr morsches Deck sind Pottwalzähne wie Nägel eingelassen. Der Kapitän heißt Ahab. Einst hat ihm das Meeresungeheuer ein Bein ausgerissen. Seither lebt Ahab nur für ein Ziel – sich zu rächen. Das ist die Obsession, die seinem ganzen Dasein Sinn verleiht: Moby Dick, den furchtbaren weißen Wal, zu fangen und zu vernichten.

Woher kommt die Rachsucht? Von der Wut. Aus dem verzehrenden Gefühl einer Ungerechtigkeit, die uns widerfahren ist, aus der Gewissheit, dass wir dessen beraubt wurden, was uns zusteht.

Man hat uns die Anerkennung verweigert, die Dankbarkeit oder die Belohnung. Das Leben hat uns bestohlen, und wir verlangen Wiedergutmachung. Die

Choleriker wollen kein Chaos, sondern Ordnung – die Rückkehr zur normalen Ordnung der Dinge.

Ahab verkörpert diese rasende Wut. Und Moby Dick stellt das Böse dar, das ihm zugefügt wurde, die Grausamkeit des Schicksals. Dieses Schicksal will er rückgängig machen, ihm die Stirn bieten. Das ist sein Wahn: Gegen seine Bestimmung ankämpfen, stärker sein als das Verhängnis. Derjenige, für den alles nur Unglück war, möchte Herr des Ozeans sein, auf einer Ebene mit Gott. Und diesen verfluchten Wal, Symbol all dessen, was Ahab vorenthalten wurde, zur Strecke bringen.

Von Polynesien bis nach Patagonien jagt er ihm durch die sieben Meere unentwegt hinterher. Während der dunklen Überfahrten im Winter wie unter den sengenden Flammen des Sommers verzehrt ihn ein einziger Gedanke – die Bereitschaft, für den Fang des Pottwals alles zu opfern.

Seine Leidenschaft ist unersättlich, keine Entschädigung kann sie auslöschen. Man will zerstören, was einen zerstört hat, das Böse mit dem Bösen vergelten; doch das Vergehen hat sich ereignet und nichts wird es ausradieren. Die Rache, ob eiskalt oder glühend heiß, lässt nichts zurück als den Durst nach ihr.

Man wünscht sich, die Ungerechtigkeit hätte nicht stattgefunden. Aber da es einem nie gelingen wird, sie zu widerrufen, durchlebt man sie ständig von Neuem. Die Wut ist außerstande, das zu bekommen, was sie fordert. Und diese Ohnmacht schürt sie wieder und wieder in einem blutrot sich steigernden Rausch. Wie Ahab würden wir diesen bleichen Dämon gerne töten, dafür sorgen, dass er nicht existiert hat. Doch man gewinnt nicht gegen die Wirklichkeit; sie ist es, die am Ende das letzte Wort spricht.

Man schreit, heult, tobt, weil man sich an der Unabänderlichkeit der Tatsachen stößt. So als würde man eine Mauer beschimpfen, wodurch sie aber nicht leichter zu überwinden sein wird. Was geschehen ist, kann man nicht ungeschehen machen. Demnach versinnbildlicht der weiße Wal die unerbittliche Natur der Wirklichkeit, taub für unsere Wünsche und unsere Gefühle.

Am weißen, glatten Rücken dessen, was sich zugetragen hat, gleitet alles ab – wie die Harpunen an dem des Pottwals.

Was kann man tun, um nicht an Bord des Walfangschiffes der Wut zu gehen? Um nicht selbst ein Ahab zu werden? Nichts als abwarten, bis der Zorn vergeht, die Wellen sich legen. Denn so hoch sie auch schlagen, bald stürzen sie ab und verlieren sich in der Gischt am Ufer. Während der Zorn andauert, ist es am besten, auf jede Aussage oder Handlung zu verzichten. Vielleicht bereitet der Ausbruch ja eine besondere Art von Vergnügen, aber hinterher die dadurch entstandenen Schäden wiedergutzumachen hat einen stattlichen Preis.

Den Abhang, den man wutentbrannt hinuntergerast ist, wieder hochzusteigen, ist immer eine langwierige und mühsame Angelegenheit. Jede Zügellosigkeit gleicht einem Sturm, einem enormen Energieverbrauch, der gebrochene Maste und zerrissene Segel zurücklässt.

Die anschließende Instandsetzung des Schiffes erfordert einen beträchtlichen Aufwand. Es ist schwer, die Diskussion fortzusetzen, nachdem man sich derart ereifert hat.

Die Wut überlegt nicht, sie übertreibt. Ihre Sicht auf die Dinge ist stets verzerrt. Als würde man dem, was einen demütigt, ein schmerzhaftes »Au!« entgegenschleudern, außerstande, die Situation realistisch einzuschätzen. Die Kränkung nimmt extreme Ausmaße an und entfacht das innere Feuer. Man hat das Gefühl, in einen bodenlosen Brunnen zu fallen, ohne sich irgendwo festhalten zu können.

Solange die Wut uns im Griff hat, sollten wir nichts entscheiden und vielmehr alles daransetzen, uns zu beruhigen – wenn möglich nach draußen gehen, die Sitzung verlassen, nicht weiter argumentieren. Uns innerlich ein nachdrückliches »Stopp!« zurufen und versuchen, uns selbst zu sehen, wie wir dann sind: Grimassen schneidend, Flüche ausstoßend, entstellt durch die Frustration und am Ende äußerst verletzbar. Man muss den weißen Wal ziehen, die Wunden verheilen lassen. Die Welt ist nicht mehr die, die man erwartet hat – weder warmherzig noch einladend. In ihren Wassern kreuzen Dämonen und Pottwale. Doch durch die Wut wird man sie nicht bezwingen.

Herman Melville, der Autor von *Moby Dick*, trägt zwar nicht Ahabs Zorn in sich, hat aber zahlreiche Fahrten über den Pazifik unternommen. Er schrieb diesen etwa 700-seitigen Roman in 18 Monaten, getrieben von einer Art fiebrigen Dringlichkeit. Melville begnügte sich nicht mit der Geschichte über die Jagd nach einem Wal, sondern verfasste eine Hymne an das Meer, gleichsam heilige Macht, unberechenbar und unbezähmbar. Doch seine Veröffentlichung hatte keinen Erfolg, ja sie war für ihn der Anfang vom Ende. Verschuldet, beladen mit Manuskripten, die von den Verlagen abgelehnt oder von den Lesern verschmäht wurden, rang er sich dazu durch, in New York eine Stelle als Zollinspektor anzutreten, die seiner Ansicht nach noch schlimmer war, als Gänse zu hüten. Er, der davon träumte, den weißen Wal zu fangen.

In Anbetracht dessen bringt Melvilles Roman auch zum Ausdruck, dass jeder von uns auf der Suche ist nach etwas, schwer zu definieren, schwer zu bekommen. Etwas, das wir unbedingt haben wollen, das uns wirklich am Herzen liegt. Diese Bedeutung kann man ebenso dem weißen Wal zuschreiben – nicht dem Ziel unserer Rache, sondern einem sehnlichen und meistens geheimen Wunsch, den wir im tiefsten Innern hegen.

Für Melville bestand er darin, zu schreiben und gelesen zu werden, Worte zu finden, die das Publikum berühren. Und was ist unser weißer Wal? Welche Suche beflügelt uns? Sind wir in der Lage, davon zu sprechen? Wissen wir es genau? Wir treiben durch das Dasein auf der Suche nach einem Sinn, einem Zweck, einer Berufung.

Andernfalls »wäre nichts etwas wert, und die ganze Erdkugel wäre nur eine riesige Null«, wie Ahab sagt. Dieser verfluchte Pottwal ist eine Leidenschaft, die den

Kapitän verzehrt, zugleich aber seinem Leben Sinn verleiht. Man kann nicht leben ohne die Vorstellung, dass man etwas zu vollbringen hat, ob auf der Erde oder auf dem Meer.

Es ist unsere Aufgabe, das uns innewohnende Geheimnis zu entziffern, den weißen Wal, den wir verfolgen, zu identifizieren. So nimmt Moby Dick die Form eines Heiligen Grals an, jener gleichermaßen erschreckenden wie kostbaren Sache, die unser tiefer Wunsch ist – und der einen Namen zu geben uns derart schwerfällt.

20.
Packeis

Hemmnisse akzeptieren

Erebus ist die griechische Gottheit des Chaos, der Finsternis und der Unterwelt. Man kann sich kaum einen Ort vorstellen, der dringender zu meiden wäre, und fast nicht glauben, dass dieser Name einem Schiff gegeben wurde – dazu noch der Name *Terror* dem Begleitschiff. Genau das war der Fall bei der Expedition Franklin, die 1845 aufbrach, um die Nordwestpassage über den Arktischen Ozean erstmals vollständig zu durchsegeln.

Zwei bezeichnende Namen für das schrecklichste Drama in der Geschichte der Royal Navy: Von den 129 Mitgliedern der Besatzung überlebte kein einziges. Zugleich verbirgt sich darin eins der größten Geheimnisse: Wie konnten diese Flaggschiffe der britischen Marine mit erfahrenen Seeleuten an Bord verschwinden, ohne eine Spur zu hinterlassen? Erst im Jahre 2014 wurden das Wrack der *Erebus* und 2016 die Überreste der *Terror* entdeckt … in der *Terror Bay*. Manchmal ist das Schicksal ziemlich hartnäckig.

Die beiden Schiffe sind von nichts als Angst und Entsetzen umgeben: Legenden der Eskimos über Eismonster, wiederholte Hinweise auf Kannibalismus … Drei lange Winter haben die Seemänner in der Arktis verbracht. Auf Nahrungssuche versuchten die Überlebenden, die wahrscheinlich Opfer einer Bleivergiftung infolge der schlechten Qualität der Konservendosen wurden, zum Festland zu gelangen. Da sie die Rettungsboote hinter sich herzogen, kamen sie in der polaren Einöde jedoch nicht weit. Niemand überlebte. Später fand man Spuren von ihnen ... in der *Bay of Famine* (Hungersnot). Wie gesagt, das Schicksal ist ziemlich hartnäckig.

Das Meer kann selbst die unbezwingbarsten Schiffe in seinen Schraubstock einspannen. Als würde das Packeis von ihnen Besitz ergreifen und sie zermalmen wollen, bis nur noch kleinste Splitter übrig bleiben. Auch in unserem Leben gibt es bestimmte Momente, die im Eis eingeschlossen sind. Plötzlich scheint die Temperatur stark gesunken zu sein. Wir sind gewissermaßen auf die andere Seite geraten, in eine Welt, in der alles erstarrt ist. Das sind die Gebiete des Scheiterns, die Polarnächte unserer Leiden, die gefrorenen Phasen tiefer Enttäuschung.

Folgt man indes dem belgischen Marineoffizier und Forscher Adrien de Gerlache de Gomery, der sich Ende des 19. Jahrhunderts mit Mut und Leidenschaft in das Abenteuer stürzte, die Polarregionen zu erkunden, muss man bewusst akzeptieren, im Eis gefangen zu bleiben, zu überwintern – in der Erwartung, dass eine Passage sich öffnet und das freie Fahrwasser erreicht werden kann. Sein Schiff, die *Belgica*, umschlossen von Packeis, musste nach einer Abdrift von fast 3000 Kilometern 13 Monate auf der Stelle verharren, um endlich befreit zu werden.

Man muss das Überwintern nicht nur erleiden, sondern kann diese Zeit auch nutzen. So profitiert man von der Abdrift, um ans Ziel zu kommen – und macht aus der scheinbaren Starre ein Mittel zum Zweck, das das weitere Vorankommen ermöglicht. Das war auch die

Taktik an Bord der *Fram* des Norwegers Fridtjof Nansen, der beschloss, bis zum Nordpol vorzudringen, indem er sein Schiff der arktischen Eisdrift überließ.

Demnach gäbe es zwei Arten, Blockaden und Hemmnissen zu begegnen: sich fügen oder eine List anwenden, zurückweichen oder Fortschritte machen. Dazu erklärte der genannte Gerlache de Gomery: »Ob wir das Packeis überwinden oder darin festgehalten werden, ob wir uns rechtzeitig daraus befreien können, um die Überwinterung zu vermeiden, oder blockiert bleiben – wir müssen das Wagnis eingehen.«

Wie überstehen wir unsere Misserfolge? Oder besser: Wie gehen wir damit um? À la Gomery: Indem wir ein Wagnis eingehen und fortfahren, etwas über uns selbst in Erfahrung zu bringen. Auf die gleiche Weise, wie wir unsere Erfolge feiern oder uns mit gesetzten Segeln von den Passatwinden davontragen lassen, können wir im Falle eines Stillstands oder Rückschlags die Entscheidung treffen, uns zu hinterfragen und das eigene Handeln besser zu verstehen. Wir geben uns die Gelegenheit, im Eis zu reifen wie in der Sonne, in der Umklammerung des Winters wie in der Freiheit des Sommers.

Natürlich tauchen gerade dann, wenn alles zu stocken scheint, wenn man vor einem Scherbenhaufen steht, die meisten Fragen auf, kreisend um das quälende *Wie* und *Warum*: *Wie konnte ich nur …? Warum habe ich nicht …?* Sie sind der unverzichtbare Partner, der uns voranzukommen hilft. Wenn es der Fähigkeit bedarf, nach Misserfolgen einen neuen Anfang zu wagen, so ist sie auch nach Erfolgen vonnöten: Um den Preis einer ständigen Selbstreflexion unternimmt man den nächsten Schritt nach vorn. Ergründen, wodurch man gescheitert ist, und ebenso, warum man sein Ziel erreicht hat. Versuchen, innerlich klarzusehen, ob im Nebel des Versagens oder im Glanz des Triumphs.

Wenn das Leben festgefahren scheint – wegen der Ungerechtigkeiten, vergeblichen Hoffnungen, Kränkungen –, haben wir keine andere Wahl, als weiterhin wir selbst zu sein. Obwohl man in seinem Dasein wie in der Falle sitzt, keinen Rat mehr weiß, verkörpert man doch nicht weniger die Person, die man ist. Auch wenn alles oder fast alles verloren ging, gehört man noch immer sich selbst. Zwar beherrscht man die Lage nicht so wie vorher, bleibt aber trotzdem an Bord des Flaggschiffes, das durch nichts völlig zerstört werden kann. Die Parole »Was uns nicht umbringt, macht uns stärker« stimmt nicht. Wir gehen nicht stärker aus der Situation hervor, sondern kommen davon – das ist alles, aber das ist schon viel.

Was wir sind, lässt sich nicht in einer Tabelle mit zwei Spalten zusammenfassen: Gewinne und Verluste, Einnahmen und Ausgaben, Erfolge und Misserfolge.

Wir müssen uns nicht vergraben in das, was wir verfehlt haben: Diese Niederlage ist die meine, aber ich bin nicht meine Niederlage. In mir gibt es etwas, das darüber hinausgeht, das nicht zurückweicht. Daher ist auch das Überwintern ein Unterwegssein, und das Scheitern hält einen nicht davon ab, man selbst zu sein.

21.
Schwimmen

Den Ballast unseres Egos abwerfen

Die ersten Schwimmzüge sind wie ein Wunder: Ich treibe! Mein Körper ist also nicht aus Stein. Ich gehe nicht unter, werde getragen vom Meer, bin Partner oder Partnerin seines Wellengangs. Ich habe die Schwerkraft überwunden und schwebe fortan im Blau des Wassers. Dieser Zustand ist zweifellos nur mit dem des Fliegens vergleichbar.

Natürlich gibt es für dieses Phänomen eine physikalische Erklärung. Seit der Antike wird sie von Archimedes, einem Griechen aus Syrakus, folgendermaßen formuliert: »Wird ein Körper in eine Flüssigkeit getaucht, so ist der Druck an der Unterseite größer als der Druck an der Oberseite. Daraus folgt eine vertikal nach oben gerichtete Auftriebskraft des Körpers. Diese Auftriebskraft entspricht der Gewichtskraft der verdrängten Flüssigkeit.« Mit anderen Worten: Je dichter und damit schwerer das Wasser, desto stärker macht sich der Auftrieb bemerkbar.

Nun ist die Dichte des Salzwassers höher als die des Süßwassers. Und je höher die Salzkonzentration, desto besser treibt man. Das ist der Fall beim Toten Meer, dessen Salzgehalt einen Spitzenwert aufweist: 30 Prozent gegenüber durchschnittlich drei Prozent. Auch die Temperatur spielt eine Rolle: Die Dichte von kaltem Wassers ist höher als die von warmem. Denn die Wärme bewirkt, dass sich die Wassermoleküle schneller bewegen und voneinander entfernen. Um eine schwere Ladung zu transportieren, ist es also ratsam, sehr kalte und sehr salzige Meere zu befahren.

Nach all diesen physikalischen Erkenntnissen kommt nun die Poesie zu Wort. Das Meer verändert unseren Grundzustand: Aus dem aufrechten Geher wird ein waagrechter Schwimmer. Man überragt nicht mehr mit seiner ganzen Größe die Welt ringsum, man ist ein Teil von ihr. In diesem Sinn bedeutet »eintauchen« nicht *fallen*, sondern *sich vereinen.* Es ist der Aufbruch zu einer Begegnung, kein Sturz.

Man befindet sich inmitten des Meeres, das einen umgibt. Als wäre man nirgendwo, befreit vom Hausarrest, während man auf der Erde immer irgendwo ist, festgehalten an einem Ort wie der Schmetterling unter seiner Stecknadel. Unter Wasser die Augen zu öffnen, umhüllt von all diesem vibrierenden Indigo, ist eine Erfahrung ohnegleichen: Man bewohnt die Unendlichkeit, verschmilzt mit ihr.

Das Meer ist das Reich des Fließenden, nichts kann es in abgegrenzte Räume einschließen. Alles erscheint endlos, schrankenlos, in einem kontinuierlichen Blau. Die Erde hingegen stellt sich als Ort der Diskontinuität dar: Man geht von einem Punkt A zu einem Punkt B, badet eben nicht in einer unbestimmten Sphäre ohne Grenzen und Gebiete. Indem uns das Meer mit seiner Unermesslichkeit umfängt, schenkt es uns die Erfahrung der Leichtigkeit. Kaum bekleidet, ohne Gepäck, sind wir seinen Wassern ausgeliefert – und lassen los, ja geben uns fast auf.

Die Leichtigkeit ist eine wahre Kunst. Wir sind derart beladen mit dem Gewicht tausender Dinge – unsere Vergangenheit, unsere verlorenen Glücksgefühle, enttäuschten Lieben … und vor allem: mit uns selbst. Von allen Lasten ist das Ich die sperrigste. Doch was mich belastet, ist weniger das, was ich bin, als das, was ich mir wünsche – geliebt, anerkannt, beachtet zu werden. Nicht mein Sein steht im Mittelpunkt, sondern wie ich wirken möchte – dynamisch, unabhängig, kompetent. Ich lebe nicht mit mir, sondern mit all den Bildern von mir, denen ich gerne entsprechen würde.

Schwimmen bietet die Gelegenheit, befreit zu werden von sich selbst, von dem Gefühl, dieser oder jener Mensch sein zu müssen. Man ist nichts mehr als ein winziger Teil eines Ganzen. Durch diese ozeanische Empfindung tritt man nicht nur in Verbindung mit der Unermesslichkeit des Kosmos, sondern entledigt sich auch der Kleinlichkeiten des Egos – all dessen, was es einem zu tun und zu akzeptieren vorschreibt: sich rechtfertigen, prahlen, verachten, zurückweichen … Vielleicht schlimmer noch: sich selbst belügen. Denn um zu gefallen oder zu gewinnen, hält man irgendwann für wahr, was lediglich Einbildung ist. Man beginnt zu glauben, so zu sein, wie man sich zeigen möchte, und tauscht das authentische Ich gegen ein Ich ein, das um der Verführung willen erfunden und geschaffen wurde.

Der Narzissmus ist anstrengend und zugleich von Grund auf uninteressant. Dieser Ausspruch »Was mich betrifft, ich …« leitet eine Rede ohne Gegenüber ein, die in Dauerschleife um die eigene Person kreist, außerstande zu verstehen oder zu überraschen. Das ist die abgeschlossene Welt des Egos. Schwimmen hingegen eröffnet die Möglichkeit, solche leeren Worte am Ufer zurückzulassen, die Aufforderungen zu vergessen, man selbst zu sein, in Wirklichkeit also jemand anderes – kompromissbereiter, bescheidener, anregender, was immer.

Diese erstrebenswerte Leichtigkeit des Seins ist nicht ohne Weiteres zu erlangen. Meistens möchte man sich beweisen, Leistung erbringen, die ersten Ränge einnehmen – und lädt sich all diese Imperative mit großem Ernst auf. Das Ego hat keinen Humor. Es müht sich ab, setzt sich durch. Es fehlt ihm jene besondere Eleganz, die darin besteht, das zu sein, was man ist, nicht mehr, nicht weniger – manchmal ratlos, oft zweifelnd, darauf bedacht, geliebt und unterstützt zu werden, und bisweilen auch traurig.

Schwimmen ist eine Übung, um mit dem Narzissmus aufzuräumen. Ich verzichte auf den Imperativ, ein Zweck zu sein, den ich für mich festgelegt habe, und darauf, meine Persönlichkeit wie ein Produkt zu gestalten, das ich auf dem Markt verkaufen werde. Was gewinne ich dadurch? Freiheit, Schwerelosigkeit – und eine Ahnung von der Ewigkeit.

22.
Die Zufälle des Meeres

Den Gefahren vorbeugen

Es ist der große Galaabend des Ehepaares Widener aus Philadelphia, Pennsylvania. Zum Menü: Austern, Lachs mit Sauce Mousseline, Filet Mignon mit Gänseleberpastete und Schwarzen Trüffeln, Hähnchenragout nach Lyoneser Art, neue Parmentier-Kartoffeln und Romanasalat, Waldorf-Pudding sowie Pfirsiche in Gelee mit Chartreuse. Das Meer draußen ist ruhig, die Nacht klar. Es ist 19 Uhr an diesem Sonntag, den 14. April 1912, an Bord der *Titanic*.

Um 22 Uhr 30 sendet die *Rappahannock*, ein britisches Handelsschiff, das ein paar Meilen nördlich kreuzt, folgende Nachricht: »*Konnten kaum ein Gebiet mit dichtem Packeis und zahlreichen Eisbergen durchqueren.*« Worauf die *Titanic* antwortet: »*Meldung erhalten. Danke und gute Nacht.*«

Eine Stunde später sieht der Wachmann Frederick Fleet von seiner Position im Mastkorb einen massiven Block, etwa 500 Meter entfernt, aus dem fahlen Schein der Sterne auftauchen. »Eisberg direkt voraus!« Das Ausweichmanöver schlägt fehl: Die gesamte rechte Schiffsseite wird aufgeschlitzt, eine Narbe aus Metall und Stahl. Hunderte von Eisbrocken zerplatzen auf dem Oberdeck am Bug. Manche Passagiere schlagen vor, kleine Stücke davon zur Kühlung ihrer Whiskys zu verwenden, während Fluten eiskalten Wassers unaufhaltsam in den Bauch des Kreuzfahrtschiffes strömen.

Von den über 3500 Passagieren haben nur 700 überlebt. Die Rettungsboote konnten höchstens ein Drittel von ihnen aufnehmen. Das 1985 geortete Wrack der *Titanic* ruht in fast 4000 Metern Tiefe 650 Kilometer südöstlich von Neufundland. 2003 schlossen die Vereinigten Staaten und Großbritannien einen Vertrag, um die Reste des Schiffes vor Touristen oder Schatzjägern zu schützen – und zugleich das Andenken an die Passagiere zu ehren, für die es die letzte Überfahrt war.

Zwischen 1824 und 1962 zählte man weltweit 13 000 Schiffbrüche, rund 100 pro Jahr. Das französische Wort *naufrage* stammt vom lateinischen *frangere*, was so viel bedeutet wie »brechen«, »zerschellen«. Denn das Meer kündet von Katastrophen und Brüchen. Von dem, was den Lebensfaden durchtrennt, von der Zweiteilung in ein *Vorher*, noch unbeschwert und glücklich, und ein *Nachher*, genauso kalt wie die Nacht des 14. April 1912.

Jeder Bruch ist ein Verlust – an Unschuld, Vertrauen, Hoffnung. Ob man einen Freund verliert, eine Arbeitsstelle, eine Liebe – immer regt sich dieses tiefe Gefühl von Verletzbarkeit und Stillstand. Man ist irgendwo in einem Exil gestrandet, weiß nicht mehr, welcher Platz und welches Schicksal einem vorbehalten ist. Kein Leben ist vor einem Eisberg, einem heftigen Sturm oder einer Fehleinschätzung geschützt. Im Ablauf des Lebens ist nichts wirklich garantiert. Was also tun im Falle einer Gefahr?

Fliehen. Sprechen wir es offen aus: abhauen. Das Bekenntnis, man könne nichts anderes unternehmen, als sich in Sicherheit zu bringen, zeugt von heilsamer Klarsicht und besonderem Mut.

Nicht mit der Blume im Gewehrlauf direkt auf den Feind zugehen, sondern die verfügbaren Kräfte abwägen und sich dann sagen, dass man diesen Kampf nicht austragen wird. Die ungerechtfertigten Vergünstigungen für einige wenige innerhalb der Institution anprangern? Diesem kleinen unfähigen Chef alles ins Gesicht schleudern? Kurzum, das System reformieren?

Vielleicht ist es ratsamer, die Überlebenstechnik der Seeleute auf der *Marquis d'Argenson* während eines Sturms im Jahr 1754 zu übernehmen. Angesichts des tobenden Meeres beschlossen sie, in die Wanten am Rahsegel zu klettern, um sich gegen die heftigen Wellenschläge zu schützen und abzuwarten, bis das Unwetter vorüberzieht. Wie erwähnt ist Vermeidung manchmal die beste Strategie.

Wichtig ist die persönliche Bewertung, was man ertragen und was man nicht akzeptieren kann: die Autorität, die Konflikte, die Kompromisse … Auf einem Schiff überprüft man konsequent die Sicherheitsausrüstung – den

Hufeisen-Rettungsring mit Seenotlicht oder die Seilsicherung –, all jene Gegenstände, die einen aus akuter Gefahr retten können. Auch im eigenen Leben können uns Urteilsvermögen und Besonnenheit wertvolle Hilfe leisten. Mit anderen Worten: die Kunst der Vorsicht.

Denn sie ist durchaus eine Kunst, weder Furcht noch Scheu: die Fähigkeit, vorherzusehen, wenn die meisten Dinge unvorhersehbar sind, vorauszuplanen, obwohl nichts sicher ist. Nicht loslegen, ohne die jeweiligen Gegebenheiten zu berücksichtigen, die Machtspiele und die Hauptakteure. Handeln bedeutet immer »auf Sicht fahren«. Also: Vorsicht, Vorsicht.

Damit wird das genaue Gegenteil der ungestümen Einstellung »Alles oder nichts« bezeichnet, die unweigerlich ein Opfer fordern wird – uns selbst. In gewissen Fällen ist gerade die Vorsicht die größte Kühnheit.

Das heißt, Kräfte sparen, statt sie aufzuzehren, an Höhe gewinnen – dort oben, in den Wanten am Rahsegel –, Schweiß und Blut nicht auf dem Sand der Arena vergießen.

Man verbannt besser die Impulsivität – der erste Reflex ist selten der richtige –, nimmt sich Zeit, um die Umstände zu beachten und keine voreilige Entscheidung zu treffen.

Unbedingt zu vermeiden ist, was der Offizier auf der Élisabeth-Catherine tat, der 1734 den Leuchtturm von Cordouan mit dem Glockenturm der Kirche von Marennes verwechselte und dadurch den Untergang seines Schiffes herbeiführte. Ganz zu schweigen von Edward

Smith, dem Kapitän der *Titanic*, der vor der Nacht der Katastrophe einfach vergessen hatte, die für den Wachdienst zuständige Besatzung zusammenzustellen. Vorsicht, Vorsicht.

Die »Zufälle des Meeres« – ein hübscher Ausdruck, um auf die Gefahren des Schiffbruchs, den drohenden Verlust von Leben und Gütern hinzuweisen – ähneln jenem Glücksrad, das sich unaufhörlich dreht und unserem Leben Höhen und Tiefen, Siege und Niederlagen beschert.

Seinetwegen ist nichts von Dauer, nichts vollkommen sicher. Aber so wird uns auch die Gelegenheit geboten, in unserem Innern verborgene Kraftquellen zu entdecken, insbesondere die des Vertrauens.

Denn beide gehören untrennbar zusammen: Ohne Vorsicht vergeudet man seine Talente und damit sein Selbstwertgefühl; ohne Vertrauen glaubt man sich keiner Situation gewachsen. Vorsicht und das Vertrauen in sich selbst, wenngleich man nicht alles im Griff hat; das schließt jedoch nicht aus, so zu handeln, als würde alles von uns abhängen.

23.
Die Philosophie des Haifischs

Der Gewohnheit entfliehen

Ein Strand, der Himmel und die Sterne. Eine Frau nähert sich den Wellen und dem unvergleichlichen Glück eines nächtlichen Bades. Luxus, Meer und Wonne. Das ist die erste Einstellung des Films »*Der weiße Hai*«. Der Bildausschnitt ist gewagt, die Kamera filmt unter dem Körper der Schauspielerin, suggeriert Angst und Gefahr, Nervenkitzel und Vergnügen. »*Jaws*« (der Originaltitel bedeutet »Kiefer« oder »Rachen«) erzählt vom Auftauchen einer Bedrohung aus dem offenen Meer.

Darum beschließt der neue Polizeichef, den Zugang zu den Stränden zu untersagen. Allgemeine Ausgangssperre auf Martha's Vineyard, einem mondänen Badeort an der Ostküste der Vereinigten Staaten.

Mittlerweile ist es der Haifisch, niedergemetzelt von den Menschen, der zu sterben droht. Dennoch hat er – als eines der ersten mit Kiefern ausgestatteten Wirbeltiere – zigtausend Jahre durchquert. Seit seinem Erscheinen vor 400 Millionen Jahren ist seine Körperform praktisch unverändert geblieben.

Der Haifisch ist einer der Könige des Ozeans. In der Dunkelheit kann er besser sehen als Katzen, sein Geruchssinn ist um das Zehntausendfache entwickelter als der des Menschen, sein Geschmackssinn äußerst empfindlich. Sein feines Gehör ermöglicht es ihm, noch die geringsten Druckunterschiede wahrzunehmen, die leisesten Pulsschläge des Wassers. Er ortet sogar die elektrischen Felder seiner Beuten.

Außerdem schwimmt der Haifisch ununterbrochen, ist ständig aktiv. Um sich am Leben zu halten, muss er unterwegs sein. Er atmet nur in der Bewegung und lässt dabei das Wasser in sein Maul strömen, weshalb es immer halb geöffnet ist; dann fließt das Wasser durch seine fünf bis sieben Kiemenpaare, die den Sauerstoff zurückbehalten und das Kohlendioxid ausstoßen, wieder aus ihm heraus. Fünf bis sieben Kiemenpaare, wohingegen die anderen Fische nur eins haben.

Um zu atmen, muss der Hai also fortwährend schwimmen, selbst mit niedriger Geschwindigkeit. Wenn er innehält, stirbt er. Er gönnt sich nur kurze Pausen, indem er am Meeresboden ruht, der Strömung zugewandt, um Sauerstoff aufzunehmen. Doch das ist weder niederschmetternd noch anstrengend, sondern die ihm eigene Art, lebendig zu bleiben.

Ist er deshalb besessen, der Haifisch? Was, wenn er uns damit vielmehr zu verstehen gäbe, dass die schlimmste Gefahr in der Erstarrung besteht? Im verlorenen Drang, Wagnisse einzugehen und Entdeckungen zu machen? Und wenn er die Botschaft übermittelte, wie lebenswichtig der Wille ist, nie zweimal in denselben Fluss zu steigen, sondern sich dem anzunähern, was man noch nicht kennt?

Sich spontan an die Stelle des Hais zu versetzen, heißt demnach, die Trägheit abzulehnen. Denn aus welchem Grund sollte man weiterhin machen, was man immer schon gemacht hat? Was hindert uns daran, Gewohnheiten zu ändern und monotone Abläufe abzuwandeln?

Wie ein Hai zu leben und sich der Stagnation zu widersetzen, entspricht nicht der gängigen Norm, weder Moral noch Skrupel zu haben und nur dem Gesetz des Profits zu folgen. Denn mitten in unseren Leben herrscht eine allgemein akzeptierte Passivität, die formelhaft zum Ausdruck kommt in Sätzen wie: *»Es ist, wie es ist«* oder *»Niemand kann aus seiner Haut«*. Und ob! Wir haben immer die Möglichkeit, uns neu auszurichten und uns vorwärts zu bewegen, statt einfach nur weiterzumachen wie bisher. Wir können eine Abzweigung nehmen, dorthin gehen, wo wir noch nie waren.

Folglich ließe sich ein »Anti-Trägheitsprogramm« zusammenstellen, das weder besonders anstrengend noch einengend ist, dafür aber die regelmäßig erneuerte Absicht beinhaltet, einen anderen Weg einzuschlagen. Philosophische Bücher lesen; aus einer Laune heraus eine Urlaubsreise unternehmen; sich ein Kleidungsstück gönnen, das man normalerweise nicht tragen würde; die anderen reden und machen lassen, obwohl man gerne über alles bestimmen möchte; eine neue Lebensart ausprobieren; in seiner Stadt oder seinem Viertel den Touristen spielen; allein auf einer Terrasse ein Glas trinken, statt direkt nach Hause zurückzukehren; anders denken, das Wort ergreifen … Tausendundein tiefe

Atemzüge, die durch sämtliche Kiemen hindurch beleben.

Den eigenen Aufstieg fortzusetzen ist kein Allheilmittel, sondern im Grunde die beste Methode, überhaupt keine Fortschritte zu erzielen.

Die Philosophie des Haifischs handelt davon, nicht ins Stocken zu geraten. Mögen wir hellsichtig genug sein, die sich ständig wiederholenden Handlungen, Reaktionen und Schwächen aufzulisten, die uns blockieren: wichtige Angelegenheiten auf morgen oder gar übermorgen verschieben; sich immer wieder entschuldigen; kein Risiko eingehen; denjenigen unsere Liebe schenken, die sie nicht erwidern; in unangemessene Wut ausbrechen.

Wir bremsen die Bewegung, indem wir unentwegt die gleichen Verhaltensmuster reproduzieren. Schreiten wir voran, ändern wir uns, holen wir Luft! Lassen wir uns durch ebenso gewohnte wie einschränkende Handlungsweisen nicht ersticken! Sie sind die eigentlichen Gefahren – jene Kiefer im realen Leben, die Körper und Geist zermalmen.

Dank

An erster Stelle danke ich meiner Lektorin Marie Leroy – »O Captain! Mein Captain!« Des Weiteren PG, meiner N., meinem N. und, auch diesmal, meinem Korrekturleser Jean-Baptiste Frossard. Dank an Pascale Martelli, dass sie mich im schönsten Hotel der Welt überwintern ließ. Ich danke nicht denen, die mir Steine in den Weg gelegt haben. Dafür spreche ich meine Bewunderung den Tapferen aus, die die Meere befahren, diesen Freigeistern, die sich der Erde verweigern.

Halteleinen

Manche Leser werden hier und da Echos vernommen haben von Charles Baudelaire, Arthur Rimbaud, Victor Hugo, Fernando Pessoa, Florence Arthaud, Albert Camus, Joachim de Bellay, Brigitte Bardot, Samuel Beckett, Alain Souchon, Henri Michaux, Romain Gary, Aimé Césaire, Antoine de Saint-Exupéry, Nicolas Bouvier, Alain Corbin, Louise Glück, Paul Ricoeur, Michel Pastoureau, Isabelle Autissier, Édith Piaf, Heraklit, Alphonse de Lamartine, Blaise Cendrars, Herman Melville, Jean-Louis Étienne, Friedrich Nietzsche, Platon, Seneca, Michel de Montaigne, Blaise Pascal und René Descartes.